留学便利书

留学韩国一本通

陈继之　高玥　编著

天津出版传媒集团
天津科技翻译出版有限公司

图书在版编目(CIP)数据

留学韩国一本通/陈继之,高玥编著. —天津:天津科技翻译出版有限公司,2013.7

(留学便利书系列)

ISBN 978-7-5433-3178-5

Ⅰ.①留… Ⅱ.①陈 …②高 … Ⅲ.①留学教育-概况-韩国 Ⅳ.①G649.312.6

中国版本图书馆 CIP 数据核字(2013)第 002146 号

出　　版:天津科技翻译出版有限公司
出 版 人:刘 庆
地　　址:天津市南开区白堤路 244 号
邮政编码:300192
电　　话:022-87894896
传　　真:022-87895650
网　　址:www.tsttpc.com
印　　刷:天津泰宇印务有限公司
发　　行:全国新华书店
版本记录:700×960 mm　16 开本　13.75 印张　175 千字
2013 年 07 月第 1 版　2013 年 07 月第 1 次印刷
定价:24.80 元

前言

2013年出国留学的热潮持续升温，韩国仍是留学生的关注热点。赴韩国留学需要什么条件、怎样选择适合自己的学校、如何拿上赴韩国的机票、如何得到全额奖学金、韩国的生活究竟是怎么样的，这些问题是志在留学的学生和家长最想知道的。

本书系统、全面地介绍了留学韩国的过程。详细阐述了韩国的大致情况，大学的详细资料、申请签证及留学前的准备、撰写申请信等要点，使读者对留学的具体流程心知肚明，并能从中更快更好地做出自己的选择。本书还对留学生出国后的学习、生活、注意事项加以说明，从而使留学生一步步地实现赴韩国留学的愿望。

此外，本书针对初次赴韩国留学的学生，在申请过程和留学韩国生活中易产生的问题及需留意之处，以"贴士"的方式注明，使读者一目了然，在短期内就融入到韩国的生活和学习中去，不再为了适应新的生活方式而浪费时间。

本书的最后，列有韩国全国所有排名前80所大学简介，并以表格的形式，列出申请所需成绩、学费、开学日期、学校地址、网址等资料，便于读者查阅、对比。

本书将为志在留学的读者带来希望，为他们打开通往韩国名校的大门，只要仔细阅读，则能做到留学过程尽在掌握。一书在手，留学无忧。

编者

1 你决定留学韩国吗

2 最初的选择

2 韩国概况

5 韩国是什么样子

7 韩国的大学适合我吗

9 韩国的大学

12 韩国的教育制度

14 韩国的高等教育体系

19 我要留学

19 公费与自费之分

20 自费留学的规定

22 赴韩国留学的条件

24 赴韩留学须考试

33 韩国语言等级要求

35 选择学校

37 韩国大学星级评定

43 获得学校资料

45 是否满足留学条件

46 了解申请手续

48 申请大学

60 申请入学

62 韩国的奖学金

78 入学准备

78 收到录取通知书

81 申请语言学校

87 资金准备

94 留学贷款

98 护照办理

99 办理签证

109 出境手续办理地址

115 购买机票

116 生活必备用品

韩国生活 123

初来乍到 124

注册登记 124

中国所属领事馆信息及联系方式 130

入学手续 133

管理账户 135

申请住宿 140

购买保险 147

申请打工 150

课堂学习 155

韩国生活指南 158

韩国的穿 158

韩国的吃 160

生活中的礼仪 161

文化差异 163

韩国的交通 166

注意安全 169

韩国排名前80所大学简介 172

留学韩国常用网站一览 213

1

你决定留学韩国吗

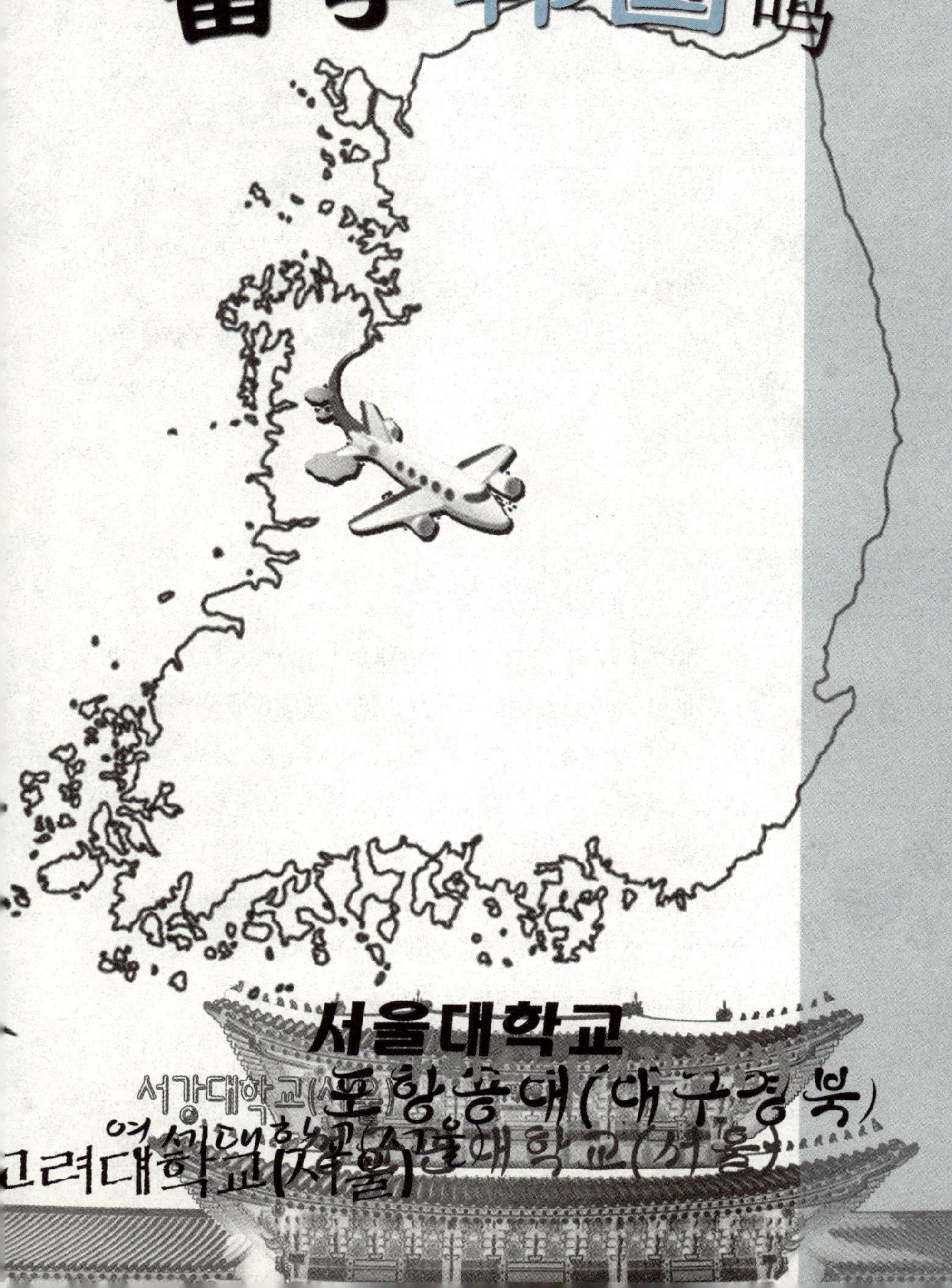

最初的选择

韩国是我们都很熟悉的位于大洋彼岸的“留学胜地”。然而除了韩剧、流行音乐 KPOP、三星这些“韩国标志”外，你了解韩国的教育状况吗？你了解留学韩国所需的条件吗？你对韩国的社会、人文、环境方面又有多少了解呢？你真的确定要选择韩国作为你的留学之地吗？ 你对韩国这个国家又有多少了解呢？

韩国概况

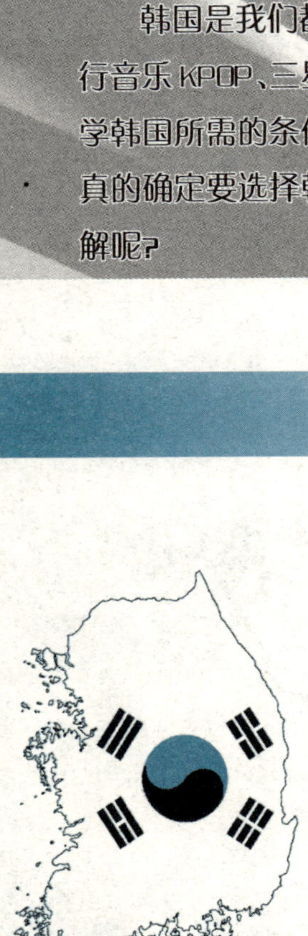

韩国（韩文：한국；英文：Korea），全称大韩民国（Republic of Korea），1948 年 8 月立国。韩国位于亚洲的朝鲜半岛南部，紧邻朝鲜。其东、西、南面均临海，分别为黄海、朝鲜海峡和日本海。韩国国土总面积为 9.96 万平方公里，其海岸线长约 1.7 万公里，地势自东北至西南，由高到低；其国土面积中的 2/3 均为山地地势，但也有丘陵和平原纵横交错。洛东江和汉江是韩国最长的河流，分别流入东海和黄海，灌溉了韩国的平原土地。

由于韩国国土仅有东侧位于内陆，其他三面均靠海而依，因此韩国的气候并不均衡。韩国北部地区属于温带季风性气候，南部则属于亚热带气候，其海洋性气候特征显著，四季分明且温差较大。受海洋性气候影响，韩国的冬天漫长而寒冷，夏天却潮湿闷热，冬天最低温度能达到零下20多度，夏天的温度最高却可超过35度。韩国一年中最热的月份为8月，最冷的月份是1月。

韩国约有人口5008.7万，主要组成部分为韩民族，其人口分布占全国总人口的99%。韩国在19世纪前，主要以汉字作为书面文字，15世纪后创造了韩文，现为韩国全国的官方普及文字。

韩国国土划分与众不同，分为一个特别市、一个特别自治区、六个市区、五个道区及一个特别自治道。

	所辖	政府所在地	韩文名
特别市	首尔特别市	首尔	서울특별시
特别自治市	世宗特别市	世宗市	세종특별자치시
广域市	釜山广域市	釜山	부산광역시
	大邱广域市	大邱	대구광역시
	仁川广域市	仁川	인천광역시
	光州广域市	光州	광주광역시
	大田广域市	大田	대전광역시
	蔚山广域市	蔚山	울산광역시
特别自治道	济州特别自治道	济州国际自由市	제주특별자치도
道	京畿道	水原市	경기도
	江原道	春川	강원도
	忠清北道	清州市	충청북도
	忠清南道	大田	대전광역시
	全罗北道	全州	전주시
	全罗南道	务安郡	무안군
	庆尚北道	大邱	대구광역시
	庆尚南道	昌原市	창원시

政治：

1987 年 10 月，韩国全民投票通过了韩国宪法，规定韩国为三权分立国家，最高元首为总统，掌握国家的行政和武装力量。韩国总统是其国家内外政策的制定者，15~30人组成的国务会议辅助总统行使行政职能。总统可指定总理人选提交国会批准，也可向国会提出立法议案。同时国会也制约总统权力，总统无权解散国会，而国会在必要时可启动弹劾总统的议案。

实行一院制的韩国，国会是国家的立法机构，国会议员的任期为 4 年，国会议长的任期为 2 年。国会除担负行政职能外，还担负着制定法律、批准国家预算、制定外交政策等职能。

经济：

韩国是经济发达国家，为 20 国集团成员，是世界主要经济体之一。自从 70 年代的“汉江奇迹”以来，韩国的经济在短期内高速发展，国民生产总值从 1962 年到 1996 年就增长了 100 倍以上。截止 2012 年，韩国的外汇存底达到了3158 亿，是世界第 7 大出口国和第 9 大进口国，并成为了全球第一个与欧盟和美国两大经济体都签署自贸协定的国家。

如今韩国在科技资讯领域中领跑，其高速互联网服务闻名世界。在内存、液晶显示器、等离子显示屏等平面显示装置和移动电话方面，韩国企业也掌握着最先进的技术，其销量名列前茅。此外，韩国的造船业居世界第二、轮胎业居世界第三、合成纤维及纺织业居世界第四、汽车生产业居世界第五，钢铁产量居世界第六，是一个轻重工业相结合的高度工业化国家。韩国的三星、LG等公司更是世界知名的大企业，其经营触角涉及了多个领域，是韩国经济的支柱。

韩国的官方语言是韩语，通用货币是韩元，1韩元兑换人民币约为0.00542元人民币。

韩国是什么样子

初来乍到，面对陌生的一切，你是否会感到紧张？有些学生甚至从走出机场时，就对自己的选择产生了怀疑。留学生活不是一朝一夕，新的环境、气候、社交等都要重新适应，更要面对文化和价值观的碰撞。关键的一点是，要明白想象和现实的差距，留学生活也不一定都是乐土，对于志在留学的学生来说，要想做好留学韩国的准备，是必须付出努力的。

作为传统和现代并存的国家，韩国的生活方式多种多样，既保有贯彻长久的生活习惯，也是一个充满创意和活力的国家。因此对韩国文化有一个初步了解,对于适应留学生活是很有帮助的。

公元 1392 年,朝鲜的李成桂将军建立了统一的朝鲜王朝。至第四代世宗大宗时期,创造了韩语字母“训民正音”。此后,朝鲜推行儒学治国,对中国采取事大政策,实行世袭制。

1592 年,丰臣秀吉攻打朝鲜,当时正值中国明朝的万历时代,中朝联军击败了曾一度占领平壤的日军,史称“万历援朝战争”。

近代的朝鲜曾被迫签订了《日韩合并条约》,长时间作为日本的殖民地,被日本殖民统治长达 35 年之久,1945 年在原朝鲜土地上分别成立了韩国政府和朝鲜人民主义共和国。韩国后任总统朴正熙发起了“新村运动”,使韩国经济在短期内得以腾飞,获得了“汉江奇迹”的美誉。如今的韩国已经迈入了发达资本主义国家的行列,经济繁荣,人民安居乐业,虽然存在着与朝鲜的复杂关系,但并不影响韩国人的正常生活。

由于同是亚洲国家,且韩国的历史受中国历史影响较大,因此两国的日常习惯、生活方式及行为举止都有相似之处。韩国的风俗节日都与中国有相通之处。如韩国也有春节、中秋节等节日,每逢这种传统节日,韩国的公司、企业也会放假,人们在家中与亲人欢度佳节。

但与国内不同的是,韩国人更重视风俗,他们至今仍保留着传统的上下级关系,学校内低年级的学生对于高年级的“学长”一向较为尊重。且面对比自己年长的人要说敬语,要礼让。每逢过年的时候,韩国的晚辈要穿上传统服装恭敬地向长辈磕头拜年。乍看上去,韩国人十分冷淡,不容易接近,这只是因为韩国人对于“前后辈”关系较为重视的缘故。韩国人普遍自尊心较强，有强烈的爱国心，但他们也热情好客、能歌善舞，且重视教育。

尊重他人的信仰与文化，是留学生们应该注意的。韩国人的宗教信仰主要为佛教和天主教、基督教。在韩国，宗教团体如教会经常会举办各种活动，帮助人们解决生活和工作上的困难，甚至有些教会开办公益性学校，鼓励入学，起到了积极的作用。

在生活方式上，韩国人每日都离不开的东西正是泡菜。假日期间韩国人爱去本国的济州岛旅游。他们热爱运动，提倡全民锻炼，爬山、羽毛球等运动是备受大众欢迎热门运动项目。朴智星、金妍儿、朴泰桓这些运动界的明星更是韩国人的骄傲。

2013年，韩国针对留学生的打工、就业政策得以放宽，欢迎着世界各地的留学生到韩国留学。

韩国的大学适合我吗

想要知道自己是否适于赴韩留学，先要了解赴韩留学的条件：

- 在中国是否具有高中以上学历，如要赴韩深造，是否具有相当学历？
- 赴韩留学的目的是什么？
- 是否能确定赴韩留学的收获大于你的支出？
- 你的韩语基础能否适应韩国的教学？

要回答这 4 个问题，不如先找出一张纸，列出留学韩国的优点和缺点，针对自己的情况做出比较。

GOOD

● 韩国名校众多，教育质量很高。

BAD

▲ 韩语不如英语的应用范围广，会影响到留学生毕业后的就业。

GOOD

● 赴韩国留学的申请保证金较为低廉，一般一万美金或以上即可。

BAD

▲ 韩国大学的教学质量比起欧美名校还具有一定差距。

GOOD

● 赴韩国留学的申请材料较为简单，办理快捷。

BAD

▲ 韩国院校管理较为散漫，需要留学生有较强的自制力。

GOOD

● 韩国政府实行宽松的勤工俭学政策，留学生在韩国能获得更多的打工机会。

BAD

▲ 韩国的生活习惯较为传统，部分留学生初到时不能很好的适应。

GOOD

● 学费较低，部分韩国大学的学费仅为欧美国家的 1/3。

GOOD

韩国大学的文凭能获得普遍认可，便于留学生去他国进修。

GOOD

治安环境较好。

GOOD

留学生在韩国就读语言课程期间即可打工。

选择申请哪所韩国大学时，不应盲目追捧热门大学，应充分考虑自己的能力以及经济实力，"最好的不一定就是最适合你的"，应该牢牢记住这句话。

针对一系列比较和考虑，如果得出的答案是肯定的，那么就应该进一步了解韩国大学的具体状况，提前做出判断。

韩国的大学

中国教育部认可的韩国大学共有353所，其中80%以上是私立大学，其余20%为国立大学。只要经过努力，无论是在私立大学还是国立大学，都会得到良好的教育。因此选择适合自己的大学才是最重要的。

国立大学

国立大学即以国家政府及地方政府资助为主的大学院校，以区别私人资助成立的私立大学。韩国最早的国立大学是由韩国每道各设立一所。此外，还有部分国立大学分布在韩国的各个道、区内。国立大学一般都是学术研究的重镇，也是文化中心，对各地的政治、经济、社会等有着重要的影响力，且师资力量雄厚，学生与教师的人数众多。

选择大学应提前，不要临时才抱佛脚，否则容易挑花眼。立志进入一流名校的学生，则应提前准备赴韩就读语言学校，才有进入名校的可能。

国立大学的特点

- 国立大学往往能获得较多的国家资金支持，韩国政府多直接向国立大学进行资助和投资。
- 国立大学学科门类齐全，优势学科突出。
- 国立大学的研究经费来自于政府和财团的支持，因此学费更低廉。
- 国立大学的师资力量雄厚，公共设施齐备。
- 国立大学图书馆藏丰富，其藏书量足可以满足学生的需求。
- 国立大学为社会服务、为国家服务的意识较为明确。

可见，强大的师资队伍、突出的优势学科、为社会培养杰出的人才，正是国立大学赖以知名的三个基本要素。实际上，这三条也是所有大学持续发展的奠基石。

私立大学

私立大学是由民间资本投资设立的大学，一般是指由非地方或者中央政府投资建立的大学，私立大学的运营资金一般全部或者部分得自于学生的学费而且校方有权自主选择生源，因此学费普遍较贵，每年的学费在 4 万人民币以上，但是环境和教育条件比较好。

投资方的不同是私立大学与公立学校最大的区别，正因为这种不同导致两者教学方向相异。公立大学由国家拨款，更偏重基础学科的研究和教学；而私立大学则依托市场生存，设立课程面对市场需求，其课程设置需引领时代，不断创新，教学质量是其生存的保障。

- 私立大学的专业性较强，相比公立大学更有针对性。
- 私立大学所设立的专业科目往往较为热门。
- 私立大学校风较活跃，入门门槛也较国立大学为低。
- 私立大学的运作更加灵活有效。
- 私立大学需要学生支付较高的学费。
- 私立大学的奖学金相对较高。
- 私立大学的课程安排较紧，学生须在一定的课时内完成更多的课业。

选择专业时，要记住冷门不一定就不好。在韩国，有些热门大学的热门专业已经出现了人才饱和的现象。留学生申请这类专业难以获得批准，反而得不偿失。

韩国的教育制度

韩国的教育产业十分发达，尤其在高等教育的运作上，吸引了世界各国的学子赴韩国学习。韩国大学拥有众多知名的学府、著名的专业学者，其教育水平为世界所承认。韩国的高等教育为韩国培养了各个学科的精英，并组织、参与了许多国家级项目研究，在电子、计算机信息、显示屏技术、环境卫生、生物科学等项目上，都拥有世界领先水平。

韩国政府历来重视教育，并乐于在教育上加大投资，强调公民拥有受教育的权利，并鼓励他们接受高等教育。

韩国的教育体制与国内相同，都是实行 6—3—3—4 制度，即小学就读 6 年，初中学习 3 年，高中学习 3 年，大学一般为 4 年制。此外，韩国的高等教育制度还包括两年制的专科大学和三年制的职业大学。

学生在确定选择什么专业后，可以通过对比各个大学在该专业领域的学术声誉、研究成果、师资水平、录取难易程度、毕业生就业百分比、起薪水平等指标，然后结合自己的喜好、条件等来选择相应的学校。

教育阶段	对应年龄
幼儿教育	3~6 岁
小学教育	6~11 岁
初中教育	11~14 岁
高中教育	14~17 岁
高等教育	17 岁~

幼儿教育

韩国的孩子一般在 3、4 岁时就开始接受义务教育，到幼儿园进行一些最基础的启蒙教育，以便帮助他们在入学后能更好、更快地适应学习生活。

小学教育

6~17 岁为韩国的法定义务教育阶段，该阶段是强制性的，家长必须送孩子进入学校接受课程学习。而学生们也享受韩国的福利待遇，甚至有的学校还会提供免费午餐，满足孩子们的需要。韩国的小学主要为了学生们升入初中而做教育准备，在 4 年级的时候就会增设实业课，使学生能增强科学技术知识和专业技能。

初中教育

韩国的初中为三年制，属于中等教育的一部分，是为了高等教育做准备。初中教育也被称为普通教育，初一、初二为学习期，初三则是升学指导阶段，为升入高中做准备。同中国的高中分科类似，韩国的初中教育也分为传统教育和职业技术教育，中学还分为人文中学和实业中学。人文中学是实行传统教育路线，偏重于升学深造；实业中学则面向社会需要，走职业教育路线。

高中教育

韩国的高中教育学制是 3 年，学生于初中毕业后，即可接受 3 年的高中教育。韩国的高中包括人文高中、实业高中、职业高中。人文高中主要面对升学及高等教育就读，实业类高中则更多针对专业类大学，部分职业高中的就读生则多在毕业后就职。

高等教育

获得高中学历的学生均可入大学就读，但并不是所有的高中生都能获得进入大学就读的机会。韩国的高等教育经过改革，管理更趋于完善，也富有创新精神。韩国的高等教育院校分为国立大学、私立大学和专科大学、师范大学、教育大学等。学生经过不同阶段得以毕业后，可获得文凭。韩国的各所大学都设有自己的学士学位获得规定。

韩国的高等教育体系

韩国的高等教育十分发达，但对于留学生来说，韩国的高等教育体系却让他们感到十分陌生。韩国的教育体系与中国的不同，同时也有别于欧美其他国家。韩国高等教育分为不同种类，不同阶段，不仅有长、短期课程；还开设普通课程及专业、职业化课程；以及应用性和研究型的训练。韩国多样化的课程便于留学生更好地做出选择，可以使其找到适合自己的课程攻读，从而实现自己的求学目标。韩国仅专科大学就分为人文社会、自然科学、工学、艺术体育、保健等科目，同时允许专科大学毕业生插班就读普通大学、产业大学等学院。学生通过积累学分来获得毕业证书。

韩国的许多高等院校也提供远程教学课程，包括函授、网络课程等，为适龄而未接受高等教育的成年人提供服务。

韩国的教育是延续性的，当学生高中毕业并获得了高中毕业文凭。不同的高等教育课程各有不同的就读要求、录取条件、就读年限等。

	课程	入学条件
专科	普通大学专业文凭	2~3 年制专科大学毕业文凭(包括职业技术大学和专科大学文凭)
本科	普通学士学位文凭	3 年制高中教育学历
硕士	硕士学位文凭	4~5 年制高等大学教育学历
博士	博士学位文凭	2~3 年制高等硕士教育学历
博士后	博士后学位	3 年高等教育学历 获得博士论文导师同意录取

高等教育证书授予条件

- 掌握与他们所学领域有关的基本概念和原理，并具有对他们所学领域有关内容进行评价和解释的能力。

- 具有对定性和定量资料进行表述、评价和解释，提出论点并依据所学学科的基本理论和概念做出合理判断的能力。

普通大学学业文凭者应具备的能力

- 能在所学领域或工作范围内评价解决问题的各种不同方法的适合性。
- 能将其研究或工作的成果准确可靠地进行交流，并提出思路清晰的论据。
- 能在有组织有安排的情况下接受培训，发展新技能。
- 应具有就业所需要的素质和应变能力。这种就业要求个人能一定程度地承担责任。

普通学士学位授予条件

- 掌握并批判性地理解他们所学领域中成熟的原理，以及这些原理的建立和发展途径。
- 具有应用他们初学范围之外的基本概念和原理的能力，包括在受雇就业情况下，运用这些原理的能力。
- 掌握本门学科主要的探索方法。有能力批判性地评价在他们所学领域内解决问题的不同方法的适合性。
- 理解他们所学知识的局限性，以及这对于以此知识为本做分析和解释的影响。

普通学士学位者应具备

- 运用一系列已有的方法去开创和进行批判性的信息分析，并针对分析中发现的问题，提出解决办法。
- 以多种方式有效地与专家和非专家交流信息、论点和分析，并有效地选用本专业的关键方法。
- 能接受培训，扩展现有技能，获得新的能力，使他们能在组织机构内承担重大责任。
- 应具有就业所需要的素质和应变能力。这种就业要求个人能承担责任并做决策。

硕士学位授予条件

- 系统地理解知识，批判地了解当前的问题和新的见解。
- 对用于他们自己的研究或先进学术工作的各种方法具有综合的理解。
- 对知识的应用应具有独创性，并对如何应用各种研究和探索的方法去创造和阐明知识具有实用性的理解。
- 具有概念性的理解，批判性地评价本专业中当前的研究和先进的学识。对研究方法进行评价和批评。在适当的场合，提出新的假设。

硕士学位者的应具备

- 系统地、创造性地处理复杂问题。在缺乏完整资料的情况下做出合理的判断。并将其结论清晰地与专家和非专家沟通。
- 在处理和解决问题中显示出自主性和独创性。在专业水平上独立地制订工作计划并付诸实施。
- 持续提升对知识的掌握和理解，开发新技能，将之提高到一个新的水平。
- 应具有为就业所需要的素质和应变能力。

博士学位授予条件

- 通过原创性的研究或其他先进的学术工作以创立或阐明新知识，其质量应足以获得同行专家评审通过，并能扩展本专业的前沿，有出版价值。
- 系统地获取和理解处于本专业学术领域或本专门职业执业范围前沿的知识中的重要部分。
- 具有发展新的知识、新的应用或认识，及构思、设计和实现一个项目的综合能力、调整项目计划的能力。
- 详尽地认识用于研究和先进学术探索的各种应用方法。

博士学位者应具备

- 在专家层次上，对于复杂问题做出有见地的判断。并能将其想法和结论清晰而有效地与专家和非专家沟通。
- 能在先进的水平上，持续开展纯学术性的或应用性的研究和开发，为发展新技术、新思想、新方法做出重要贡献。
- 应具有为就业所需要的素质和应变能力。

我要留学

公费与自费之分

近年来，中国留学生选择赴韩国留学的越来越多，据留学机构提供的数据显示：中国赴韩国留学人数保持了上涨的势头，赴韩国留学依然是留学生的热门选择。

赴韩留学的三种类型

国家公派留学生

根据中韩两国政府文化协定，我国每年向韩国派出留学人员。这些留学人员在韩学习、生活的全部费用，由韩国政府或我国政府支付。

享受韩国政府减免费用的自费留学生

韩国政府每年向外国留学生提供一定数量减免留学费用的名额，获得该名额的学生，在韩国学习期间的费用可以部分减免。但获得该名额的学生在申请签证时，必须向韩国政府缴纳一笔海外学生费。

我国公费留学的主要专业为：能源、资源、环境、农业制造、信息等关键领域及生命空间、海洋、纳米新材料等战略领域和人文应用社会科学等专业。

缴纳全部费用的自费留学

韩国的国立和私立高等院校，都向留学生开放部分或全部的专业课程。留学生只要达到入学标准，并缴付学费或注册费，即可赴韩国学习。

其中，赴韩国留学的中国学生中，自费生的人数大大高于公费生，但无论哪种留学生，在选择了韩国后，都应了解赴韩国留学的一系列手续。

自费留学的规定

赴韩国留学有公派及自费之分，但出大部分学生都是自费或半自费。自费赴韩国留学需要什么条件呢？根据国家规定：

- 自费出国留学人员需是我国公民，并提供可靠证明。
- 需取得韩国正规大学入学许可证件和经济担保书。
- 具有大学或大学以上学历人员自费出国留学，必须到省、自治区、直辖市一级自费出国留学审核机构办理学历和完成服务期年限的审核手续，只有获准后方可向公安机关申请出国护照。
- 申请自费留学人员不受学历、年龄和工作年限的限制。但如就读硕士或博士，则需要提供国内正规高等院校的学历证明及相关证件。

自费留学的办理程序并不复杂，留学生不要未办先怕，急躁的情绪则可能影响到签证、护照的发放。

自费留学办理护照时需到授权受理的各省、自治区、直辖市公安部门。办理手续时，应备好如下材料：

- 单位介绍信。
- 户口簿或集体户口证明，写明本人出生地和出生年月日。
- “经济担保”的复印件，并附译文。“经济担保”须经公证后方有效。
- 本人近期正面免冠光纸照片5张，并在照片背面用铅笔写上名字。
- 填写《自费出国留学人员登记表》、《本国公民出国申请表》。
- 缴纳护照费、签证费、手续费、邮费。

为了保证公民的出国申请能够及时得到批准，我国政府规定了公安机关在受理申请后必须在规定的时间内做出批准或者不批准的决定。目前规定的时限是：出国申请的批复一般不超过30天，偏僻和交通不便的地方最长也不超过60天。

自费留学申请的关键是获得申请院校的入学通知书及办理签证，这是最基本的两点，是申请留学的基础。

赴韩国留学的条件

选择了赴韩国留学后，就要第一时间了解韩国大学对留学生的要求。不同的国家有不同的留学制度，相比较而言，赴韩国留学并不困难，但前提是要迈过韩国教育局针对他国学生赴韩留学所制定的门槛。

赴韩留学应具备的条件

应具备与就读相关专业匹配的学历证明

应向校方提供就读专业的相关学历证明。赴韩就读大学的留学生，应提供高中学历证明、毕业证书、成绩单，并详细介绍自己对所选专业的兴趣与认识。而申请就读研究生课程的，则应在提供相关专业的学位证书、成绩单之外，提供自己所取得的成果及独立完成的论文。

就读学历	所需证明
大学预备课程	高中学历证明
学士学位文凭	高中学历证明
硕士学位文凭	学士学位
博士学位文凭	硕士学位

赴韩国留学不只需要韩语水平、高中平均成绩，还应具备一定的专业知识。选定自己欲就读的专业后，申请学生应加强对该专业的了解，这对将来的课程攻读有很大好处，也可使留学生尽快适应专业课程的学习。

相当的韩语水平

申请学生签证时，申请学生的韩语水平需达到一定程度。申请者至少应在 TOPIK(Test of Proficiency in Korean)考试中拿到 300 分或以上的成绩,才能申请韩国院校。若是韩语成绩不理想,则须在韩国先赴语言学校进修语言,或者就读预科。若语言水平不过关,则申请者很难得到批复。

相应的经济能力

赴韩国留学必须具备一定的经济实力,获得学校录取通知书后,留学生须按学校的要求预交学费,并提供在韩国留学的资金来源证明。韩国是经济发达国家,生活水平比国内略高,除注册费或学费因各大学情况不同而略有差异外,每年的住宿、服装、饮食、交通、旅游出行、娱乐等方面的费用总共约需 10 万元人民币。但要注意的是,韩国当局一般允许留学生以打工的方式来积攒学费。

需持有健康证明

进入韩国时，须提供健康证明和国际预防接种证书。若申请大学提供体检表,则按表格要求请医生填写,体检流程一般为:

登记	→	摄像	→	内外科、五官检
心电图检查	→	B 超检查	→	放射科检查
采血	→	预防接种	→	交回体检表
3 个工作日取				

赴韩留学须考试

韩国的大学主要用韩语授课。留学生申请韩国大学时，则需要了解所申请的大学需要什么语言测试。申请韩国大学主要应提供的是 TOPIK 即韩国语能力考试证书，但部分韩国大学和申请韩国奖学金时，还需要提供 TOFEL、IELTS 成绩。因此，这里介绍常用的三种认证考试，即“TOPIK 韩国语能力考试”、TOFEL 考试和 IELTS 考试。

TOPIK

TOPIK，即韩国语能力考试是世界韩国语认证考试委员会主办的，目的在于通过实行标准化的韩国语能力测试制度，为韩语学习者提供认识、分析自己韩语能力的标准化衡量尺度。韩国语能力考试是申请韩国大学必须进行的语言标准化测试。该考试得到韩国教育部门和大部分韩国学院的承认，面向所有母语非韩语，希望赴韩国接受高等教育的学生。

TOPIK 考试主要由世界韩国语认证考试委员会主持，报考 TOPIK 考试至少需要 300 小时或以上的韩语学习时间。韩国语能力考试在中国有北京、上海、青岛、长春、大连、南京、成都、广州、延吉 9 个考点。每年的 5 月末和 9 月末，这九个分处都会组织考试，考试分初级、中级、高级，考生可根据自己的情况选择考试时间、地点。TOPIK 考试的有效期限为 2 年，报名费用大致在人民币 300 元左右。

要加强自己的韩语听说能力，可以到韩国人经常出入的地方找人闲聊，平时多听韩语新闻并用韩语写日记也是增强韩语能力的好办法。

TOPIK 报名方式

- 打开 TOPIK 官方网站，网址为：http://topik.etest.net.cn/ 或者 http://topik.etest.edu.cn。

- 注册个人信息并登录系统。注册信息需要考生填写姓名、姓名拼音、性别、出生日期、证件类型和证件号码。并填写住址、电话、手机、电子邮箱网址等联络信息。

- 上传电子照片。

  - 须为本人6个月内的近照。
  - 照片尺寸应为宽3cm，高4cm。
  - 应为正面免冠头部照。
  - 照片应清晰易于辨认。
  - 照片格式应为jpg/jpeg文件，大小保持在6kb~100kb之间。

- 考生应及时选择考点、考试级别，以便于系统安排座位。

- 报名后，考生应在72小时内缴纳考试费用，若在报名截止日，则须在24小时内缴纳费用。缴纳方式为网上支付。

要应对 TOPIK 考试，考生应在日常生活中多运用英语，不要对语法题目死记硬背，融会贯通才能做到心中有数。

- 考生因故不参加考试，则不退还考试费。
- 报名截止日前，若其他考点有空余座位，考生可免费调换一次。
- 考生不得更改考试级别、证件类型和号码、姓名及出生日期。
- 因报名时提交个人信息错误导致不能考试，不返还考试费。
- 银行会收取手续费2元。

- 打印准考证。报名截止后，官方网站会公布打印准考证的时间，考生应在截止日期前，用A4纸进行打印。

- 考生须保证所持有证件与网上报名时提交的证件和证件号码一致。
- 考生报名时提交的证件号码已打印在准考证上，如考生所持证件与准考证上的号码不符，将被取消考试资格。

TOPIK 考试时间共为180分钟，内容分为4部分

- 语法词汇（衡量词汇、语法掌握情况）
- 听力（衡量韩语的听力）
- 阅读（衡量阅读理解能力）
- 写作（衡量韩语书面表达能力）

语法词汇

这部分考试共有 30~35 道题，全部是客观题，总分数为 100 分。这部分主要是考核考生对词汇的掌握程度，表达能力和对语法结构的正确使用能力。考核重点为：近义词、反义词、多义词、单词词义、常用词组和固定搭配以及成语俗语。在语法结构上，重点考核终结词尾、连接词尾、各类惯用型、否定形式、间接引用、使动被动等。

听 力

听力考试共有 100 道题，其中有 30~35 道题，这部分总分为 100 分。听力考试主要是考核考生的听写能力，分辨词汇能力和交流能力。考核重点为：听问句选答句、听对话选图片、听对话写出主题思想等。

阅 读

阅读部分共有 30~35 道题，都为客观题，总分为 100 分。阅读题主要考核考生的阅读理解能力和分析能力。考核重点为：需要考生根据所给文章的内容回答问题。

写 作

本部分共 100 题，共占 100 分，其中 5~7 道为主观题，占 60 分；另外 10 道为客观题，占 40 分。这部分主要测试考生在各种语言环境下使用适当的句型正确表达的能力、对韩国语书写的掌握程度以及考生运用各类文章体裁和应用文的格式。考核重点为：根据上下文将缺失的部分补充完整、连接两个句子，及作文写作等。

评判标准

考试等级		标准要求
初级	1 级	可以阅读并理解以基本句型和 1000 个左右的基本词汇组成的短文。
	2 级	能够运用韩国语进行简单的交流，能够运用 1500~3000 个基本词汇进行听说读及写作。
中级	3 级	日常生活交流没有障碍，能理解日常用语组成的对话和文章，可运用短句进行语言沟通。
	4 级	能够自由运用日常用语，并处理一般的电话问题，能正确理解一般文章的结构。
高级	5 级	能够充分理解和运用日常用语，能够理解文件内容（如新闻报道、说明书等）或电视广播中的新闻及一般解说，能够发表自己的意见等。
	6 级	能够充分地理解高级语言、文字（如公文、杂志、教育书籍、文艺作品等）或电视、广播、演讲的内容，可以利用文字或语言正确表达自己的意见。

合格线

考试等级		合格分数线	不合格分数线<
初级	1 级	≥50 分	<40
	2 级	>70 分	<50
中级	3 级	≥50 分	<40
	4 级	>70 分	<50
高级	5 级	≥50 分	<40
	6 级	>70 分	<50

考试成绩单约在考试后 3 个月后送达考点，考生可届时去考点领取自己的成绩单。

TOEFL

TOEFL 是由美国教育测验服务社(ETS)举办的英语能力考试，全名为“检定非英语为母语者的英语能力考试”，中文音译为“托福”。2005 年 9 月，美国教育考试服务中心(ETS)推出了一种全新的综合英语测试方法，即 TOEFL iBT (Internet Based Test)。2011 年，美国教育考试服务中心宣布：基本所有高等院校都已接受托福成绩作为他们的入学标准。此次宣布的这项决定意味着，现在全世界的学生都可以用托福成绩来证明自己的英语能力。TOEFL 考试的主要目的是考察非英语国家学生的英语熟练程度。

由于 TOFEL 考试现在改为机考，考生应分配好自己的考试时间，学会在压力下掐着时间做题，不要在一道题上浪费过多的时间，导致做不完题目。

TOEFL 报名方式：

- 注册网上用户，创建个人档案。(填写个人中/英文姓名，身份证件类别、证件号码、生日、电话号码、电子邮箱地址以及通信邮寄地址)。
- 缴纳考试费用。
- 注册考试信息。
- 填写个人背景信息。

TOEFL 考试时间一般为 3 个小时，其内容为 4 部分：

- 阅读理解(衡量阅读理解能力)
- 听力理解(衡量英语的听力)
- 口试(衡量英语的口语能力)
- 书面表达(衡量英语书面表达能力)

阅读理解

阅读一般为三篇文章，每篇文章共有 11 道选择题，除了第 11 题之外，其他 10 题均针对文章部分内容，题目顺序与文章段落顺序一致，因此考生须在做题的过程中阅读文章，根据自己的理解选择正确答案。此部分答题时间一般为 1 个小时。

听力理解

包括 2 篇情景对话和 4 篇课堂演讲。录音播放的同时，电脑上会显现出相关的背景图片，考生可边听边做笔记，以备答题。听力测试时间约为 50 分钟左右。

口 试

口试题共有 6 题，第 1~2 题要求考生就某一话题阐述自己的观点。第3~4 题则需要考生先在 45 秒之内阅读一段短文，随后听一段录音对话。要求考生将短文和对话联系起来，回答相关问题。考生共有 30 秒的准备时间，然后进行 1 分钟的回答。第 5~6 题则要求考生听一段录音，回答相关问题。考生有 30 秒准备时间，回答时间为 1 分钟。

对大部分中国学生来说，TOFEL 的新机考模式是比较新颖的，考生除了努力提高英语能力之外，平时应多通过电脑来阅读，习惯在电脑或网上答题。

书面表达

要求考生在 1 小时内完成 2 篇作文。第一篇是通行的英语作文，考生根据题目要求撰写即可。第二篇则需要考生先阅读一篇文章，再听一段相关演讲，随后要求考生在 20 分钟内写一篇作文，总结课堂演讲的论点、论据，并陈述这些论点、论据是如何反驳文章的论点、论据的，字数要求为 150 字到 225 字之间。在写作时，文章会重新显示在电脑屏幕上。

托福满分为 120 分，四部分测试分别占 30 分。在考试过程中，考生往往会遇到加试的情况。多为听力和阅读题，需慎重对待。TOEFL 考试成绩 2 年内有效，一般应在联系学校前就报考 TOEFL，并在申请学校时附上 TOEFL 成绩。

IELTS

International English Language Testing System，缩写为 IELTS，是由英国文化协会、剑桥大学考试委员会和英国教育国际开发署共同举办的国际英语水平测试。此项考试是为申请赴英语国家留学的非英语国家留学生、移民人士而设，以评定考生的英语能力。

IELTS 报名方式：

- 注册成为教育部考试中心网上报名系统用户。
- 可通过电汇，或由中国工商银行／中国招商银行的网上付费服务来预存考试费用。
- 根据自身情况的不同，选择“学术类”（用于留学）／“培训类”（用于移民）来选择考位。
- 填写 IELTS 报名表并确认付费。

在做 IELTS 的阅读题时，应尽量适应英语文章的逻辑关系，体会出题者的出题思路，这样即使遇到生词，也可以结合上下文的语境，顺利通读下来。

IELTS

考试时间共为 2 小时 45 分钟，内容分为 4 部分

- 听力测试
- 阅读理解
- 书面写作表达
- 口语

听力测试

听力考试共 40 分钟，其中播放录音时间 30 分钟，答题时间 10 分钟。听力测试题目分为 4 部分。第一部分是情景对话；第二部分是单人陈述演讲；第三部分是学术性对话，第四部分是学术论文演讲。考试的难度进度增加。考生听完录音后，会有少量时间以供复查。

阅读理解

阅读理解时间共 60 分钟，题目分为 3 部分，每部分阅读段落的字数大约在 1000 字 ~1500 字，每段阅读理解所需回答的问题为 13~14 道，考生需在一小时内回答完 40 题。

书面写作表达

写作时间共 60 分钟，两道作文题目侧重点不同。第一题往往是书信或看图说话，字数要求为 150 字。第二题则是议论文或说明文，要求字数为 250 字。

口语测试

口语测试一般为14分钟，是一对一进行的，考官会就考生的个人问题进行发问，并就考生回答的问题进行展开。适当时候，考官会出示题目卡，要求考生就题目所涉及的内容回答他的题目，并进行陈述，时间不得少于1分钟。最后，考官会就当前问题与考生深入展开交谈，以测试考生的英语口语能力及应对能力。

韩国语言等级要求

世界韩国语认证委员会对于留学韩国的学生的语言要求，主要分为3个等级，一般韩国语考试的等级也是由此划分的。留学生在考试前，要充分了解自己的韩语水平，需要进行的学习时间，需要掌握的语言范畴。

一般韩国语等级考试的主要考试要求为：交流必需的能力，相关韩语、韩语知识和会话技能，沟通的方式及领域。这种针对被评估者的“听、说、读、写”能力进行了分级的方式，使评估者更易于区分。

可以参考正文中"韩国语言等级要求"表的6个标准来评估自己的韩语能力，看是否达到了要求，若未能达到，则可按照评估结果，尽快补上自己的短板。

考试等级		听	说	写
熟练掌握（高级）	6级	能轻松理解对方的意思，就任一话题与对方展开讨论。	能连贯、流利地表述自己的想法，即兴发表短篇演说。	能撰写专业性较强的文章，写作长信，用韩语完成书面作业。
	5级	对对方较长、语速较快的对话能迅速理解，做出正确反应。	能表述较抽象的话题，有条理、熟练地运用法语来表达。	能撰写较复杂的文章，自然地运用词组、长句来表达。
流利应用（中级）	4级	能听懂抽象话题的对话，与对方进行互动。	能在交流中清晰地表达出自己的意见，分析某事的好坏利弊。	能根据某题材写出清楚、详尽的说明、陈述。
	3级	对对方展开的话题能做出正确反应。	能清楚地表述自己，描绘自己的目标、梦想、对未来的规划。	能写作简单作文，书面描绘自己的计划。
基础水平（初级）	2级	可以根据对方的指令做出正确反应。	可以简单描述自己的个人情况，与他人做简单交流。	有基本书面表达能力，能完整填写表格并描述自己。
	1级	能理解对方的基本意思，听懂问题。	能简单介绍自己的姓名、地址、爱好，便于他人了解自己。	能写出基本的句子，可以用简单的语句书面介绍自己。

根据上面的表格，对 TOPIK 各个阶段的分级要具备什么韩语水平应该有了更直观地了解。实际上，这种分级也对韩语学习时间和单词量有一定的要求。

- 具备1级水平需要进行75~100小时以上的韩语学习，并掌握500个单词。
- 具备2级水平需要进行180~200个小时以上的韩语学习，并掌握1000个单词。
- 具备3级水平需要进行350~400个小时以上的韩语学习，并掌握2000个单词。
- 具备4级水平需要进行500~600个小时以上的韩语学习，并掌握2500个单词。
- 具备5级水平需要进行700~800个小时以上的韩语学习，并熟练运用大部分韩语单词。
- 具备6级水平需要进行1000~1200个小时以上的韩语学习，并熟练运用大部分韩语单词。

选择学校

拿到了考试成绩，决定了自费留学，下一步的准备就是申请就读学校。首先要了解的一点是，不要只盯着韩国排名前几位的大学，而是应该切合自身的条件、所学专业来选择。有些学校虽然排名靠前，但由于历史、宗教、学术氛围等原因，也许并不适合中国学生留学。反而是一些排名靠后的大学，学术氛围自由，师生关系融洽，社团众多，适于游学。所以要从自身环境出发，慎重选择，而不要一味只为了面子和名气，做出错误的选择。

年龄较小、独立生活能力不足的留学生可选择有较多中国留学生的韩国大学，这样能更好地适应留学生活，一旦有事也能尽快寻求帮助。

选择国立大学还是私立大学

首先要决定申请国立大学还是私立大学。韩国有几百所大学,其中国立大学占大学总数的20%,其余为私立大学或专业、职业学院。留学生就读韩国的国立大学所需缴纳的学费数额较低;而私立大学则要求留学生缴纳更多的学费。正因为如此私立大学的师资雄厚,招生范围较广,且可以自行开设课程及颁授证书。国立大学学术氛围浓厚,私立大学勇于创新。国立大学的学生自主学习性较强,私立大学的学生则多能获得实习、实践的机会。

选择就读大学时,应抱有明确的目标,如将来希望从事什么工作、将来是否自己创业、大学毕业后希望回国还是继续留在韩国深造等,这些都对大学的选择、专业的选择有较大影响。

选择哪个地区的大学

留学不仅要选择学校,还要选择学校的环境。韩国的大学分布在各个大区及市镇中。留学生在选择时需注意各地区的气候、风俗、人文都不尽相同。是大都市还是中小城镇,往往有着较大的不同。大城市意味着大量资源,并且可以让你有机会参与更多活动,且也易于获得与专业相关的资源。也正因此,大城市的诱惑也更多,如果不能把握自己,就会迷失方向。小城镇或乡镇资源虽然相对匮乏,却可以集中精力学习,也能更好地团结同学,共同完成课题。

选择大型院校还是小型院校

韩国既有上万人的大型院校,也有师生加起来不过千人的小型大学。在申请就读时,也应该关注这种学校规模所造成的差异。大型院校往往容纳多种社团,也常有各种活动举办。且由于学生人数众多，相对留学生人数也较多，多有建立留学生组织。小型院校则学生人数较少，学术氛围浓厚，较为安静，且科目教授指导的人数较少，有机会得到更有针对性的辅导。

选择专业性院校还是一般性院校

一般性院校指的是综合性院校，专科学校则指某一专业领域的院校，侧重于艺术、理工、设计等类，大部分是单科大学。在综合性大学中，除了主修的专业外，也多能接触到其他专业，融汇贯通，也有更多机会将所学的知识运用到各种工作中去。专科大学则可以更深入地钻研自己的专业，学校也多会组织该专业的实践活动，有助于更集中精力学习专业知识。

韩国大学星级评定

韩国的大学共有几百所，分布在各个不同的大区内，留学生往往眼花缭乱，不知哪所大学才是最适合自己的。出于这种情况，很多学生和家长就更看重大学排名，希望以此作为依据，做出正确的选择。因此在本章内列出各个类别评定为 5 星或 4 星的大学，以供参考。

选择大学时应考虑综合排名情况，但要记住的是：名校只是就职的敲门砖而不是升职的必要条件，因此应更多地考虑就读专业的排名。

热门专业排名

留学韩国的学生应多关注一些易于就职，既能适应韩国本地的职业缺口，也能在国内拥有一定的竞争力。以下分别列出：韩国大学排行榜，韩国公立大学排行榜，以及韩国理工科、商科、医科、经管科、法律科、艺术科、影视科这7种最受留学生欢迎的热门专业的大学排行榜。

韩国大学排行榜

大学名称	星级评定
首尔大学	★★★★★
KAIST 韩国科技院	★★★★★
浦项工科大学	★★★★★
延世大学	★★★★★
高丽大学	★★★★★
江西大学	★★★★★
成均馆大学	★★★★★
汉阳大学	★★★★★
中央大学	★★★★★
庆熙大学	★★★★★

韩国国立大学排行榜

大学名称	星级评定
首尔大学	★★★★★
庆北大学	★★★★★
釜山大学	★★★★★
江原大学	★★★★★
忠南大学	★★★★
忠北大学	★★★★
全北大学	★★★★
庆尚大学	★★★★
全南大学	★★★★
济州大学	★★★★

理工科专业

大学名称	星级评定
浦项工业大学	★★★★★
汉阳大学	★★★★★
首尔国立大学	★★★★★
仁荷大学	★★★★★
昌原国立大学	★★★★★
建国大学	★★★★★
东国大学	★★★★
庆熙大学	★★★★
岭南大学	★★★★
公州国立大学	★★★★

商科

大学名称	星级评定
高丽大学	★★★★★
延世大学	★★★★★
成均馆大学	★★★★★
檀国大学	★★★★★
西江大学	★★★★
景园大学	★★★★

医科

大学名称	星级评定
首尔大学	★★★★★
延世大学	★★★★★
高丽大学	★★★★★
成均馆大学	★★★★★
汉阳大学	★★★★★
梨花女子大学	★★★★★
庆熙大学	★★★★★
仁荷大学	★★★★
釜山国立大学	★★★★
中央大学	★★★★

经管科

大学名称	星级评定
首尔大学	★★★★★
延世大学	★★★★★
高丽大学	★★★★★
成均馆大学	★★★★★
庆熙大学	★★★★★
梨花女子大学	★★★★★
中央大学	★★★★
弘益大学	★★★★
东国大学	★★★★
汉阳大学	★★★★

法律科

大学名称	星级评定
首尔大学	★★★★★
延世大学	★★★★★
高丽大学	★★★★★
庆熙大学	★★★★★
成均馆大学	★★★★★
梨花女子大学	★★★★★
中央大学	★★★★
弘益大学	★★★★
首尔女子大学	★★★★
诚信女子大学	★★★★

艺术科

大学名称	星级评定
弘益大学	★★★★★
东国大学	★★★★★
梨花女子大学	★★★★★
中央大学	★★★★★
祥明大学	★★★★★
公州国立大学	★★★★
檀国大学	★★★★
全南国立大学	★★★★
大邱加图立大学	★★★★
光州大学	★★★★

影视科

大学名称	星级评定
中央大学	★★★★★
东国大学	★★★★★
庆熙大学	★★★★★
梨花女子大学	★★★★★
汉阳大学	★★★★★
檀国大学	★★★★★
明知大学	★★★★★
祥明大学	★★★★★
首尔艺术大学	★★★★
弘益大学	★★★★

获得学校资料

决定了要就读的学校后，应对该校有进一步的了解，这时就要着手准备申请学校资料。如何申请呢？其实并不困难。可以向学校索取资料，也可在学校官方网站上获得相关信息。韩国大部分大学基本都拥有自己的官方网站，且内容翔实，往往也都有针对留学生所开设的版块。

以首尔大学为例

网站上的留学版块除了写明入学条件、可选专业等，一般还附有联系方式，可通过此来索取资料，除可得到学校简介和申请书外，还可获得留学的各方面资料。

索取资料

- 网络申请
- 电子邮件申请
- 信件申请

申请信范例：

하생
중국 북경시 해전구(海澱區)
자죽원가로(紫竹院街) 67 호
연락처:+86-10-7765 2384
이메일: 2012 년 3 월 1 일

존경하는 선생님께:

안녕하십니까?

저는 하생이라고 합니다.북경대학교 학부 졸업생입니다.현재 귀대학교의 생물학 석사 과정을 지원하려고 합니다.이에 관련된 지원서류 및 장학금 신청에 관한 구체적인 서류에 대해 보내주셨으면 감사하겠습니다.

그럼 안녕히 계십시요.

학생

하생

是否满足留学条件

拿到理想大学的资料，首先要了解的就是你是否符合该校的招生条件。韩国大学的申请状况与国内不同，因此各大院校都需要学生提交最终学历的成绩单，TOPIK 成绩，以及社会活动、个人简历等，通过这些材料才能进行对留学生的综合评价。除此之外，还需要学历证明、韩语能力、专业证明、留学资金等材料。不同的学校的要求也不同。

	学历	成绩	法语能力	资格证书	学费
研究生	学士，硕士（不同学科）	GPA>3.3	TOPIK 300~400	TOPIK 证书、大学毕业证书等	国立大学约为 50000 元人民币；私立大学约为 60000 元人民币以上
大学	高中毕业、大专毕业、学士（不同学科）	GPA>3.0	TOPIK 300~400	TOPIK、高中毕业证书等	国立大学约为 55000 元人民币；私立大学约为 70000 元人民币以上
语言学校	一般不需学历资格，少数学校要求高中毕业资格	▲	▲	▲	约为 30000 人民币/年

了解申请手续

决定了要就读的学校后，就应寄信向校方提出留学申请。在等待申请表格时，可同时进行其他准备。无论自费或公费，出国留学多是由本人联系学校，并按对方回执中的要求准备相关材料，如经济保证书、TOPIK 成绩单；推荐信；本人学历证书等。一般需办理以下手续：

- 写一篇自我介绍。通常是简略介绍自己的有关情况、所受教育、个人专业爱好及未来计划等。
- 详细说明经济状况，应附有“经济状况声明”，以证明你有经济能力支付留学的费用。
- 最好根据自己选修的专业不同，附上作品。如主修音乐、绘画等专业，应附有自己的演奏录像、绘画作品。
- 寄去 2 张照片。
- 寄去 1 份健康证明。
- 如学校要求付报名费，应尽早汇寄。

申请人办妥所有规定的手续之后，学校便会受理入学申请。

申请大学时，如是理科生，应尽量争取进入实验室的机会。

申请所需材料

	研究生	大学	专科大学	语言学校
申请书	√	√	√	√
论文	√	○	×	×
推荐信	√	○	×	×
成绩单	√	√	○	×
保证金	√	√	○	×
申请费	√	√	√	√
TOPIK 成绩	√	√	√	○
资格证明	○	○	×	×
个人简历	○	○	×	×
个人作品	○	○	○	×
体检证明	○	○	○	×
毕业证	○	○	○	×

√：需要

○：有时需要

×：不需要

申请大学

韩国大学的申请表大部分都可以在网络上直接填写，或是从大学官方网站上下载填写，申请者只需按照表格所列项输入个人信息，填写完毕后通过 E-mail 或是打印后通过 EMS 的方式寄给申请学校。当然，在寄送申请书的同时，应附上结业成绩单，TOPIK 成绩单，认证证书，个人材料补充等一并寄送。

因各大院校录取条件不同，所以申请书也不是统一形式，应仔细留意所写项目，最好通读后再填，以免出现错漏，影响别人对你的第一印象。部分大学会提供样本或步骤，教导留学生如何填写申请表以及怎样规范、有效率地申请本大学。

申请书指导范例（以首尔大学为例）

1

ADMISSION GUIDE
FOR INTERNATIONAL STUDENTS
(FALL 2013)

SEOUL NATIONAL UNIVERSITY

申请大学时，为了提升自己的背景，可提前做些准备，这样有助于申请者增加自己的资料厚度，更易于打动校方。

2

Appendix 1: Programs Offered for Admission

Shown below are the programs offered for admission for each category of applicants. Please refer to the appropriate list.

Programs Offered for Admission >>> Undergraduate Freshman Applicants

- Undergraduate freshman applicants should apply to the desired **college & unit** as listed below.
- Students select their majors according to regulations after completing the first or second year.
- Reorganization in the SNU academic affairs can result in the following: change in the name, integration, division, closure of a field of study (major).

College & Unit		Major
College of Humanities	Humanities	Korean Language & Literature; Chinese Language & Literature; English Language & Literature; French Language & Literature; German Language & Literature; Russian Language & Literature; Hispanic Language & Literature; Linguistics; Asian Languages and Civilizations; Korean History; Asian History; Western History; Archaeology and Art History(Archaeology major, Art History major); Philosophy; Religious Studies; Aesthetics
College of Social Sciences	Social Sciences Group	Department of Political Science and International Relations; Economics; Sociology; Psychology; Social Welfare; Communication; Anthropology; Geography
College of Natural Sciences	Mathematical Sciences	Mathematical Sciences
	Statistics	Statistics
	Physics & Astronomy	Physics, Astronomy
	Chemistry	Chemistry
	Biological Sciences	Biological Sciences
	Earth & Environmental Sciences	Earth and Environmental Sciences
College of Nursing		Nursing
College of Business Administration		Business Administration
College of Engineering	Civil and Environmental Engineering	Civil and Environmental Engineering
	Mechanical & Aerospace Engineering	Mechanical and Aerospace Engineering
	Materials Science and Engineering	Materials Science and Engineering
	Department of Electrical and Computer Engineering	Electrical and Computer Engineering
	School of Computer Science and Engineering	Computer Science and Engineering
	Chemical and Biological Engineering	Chemical and Biological Engineering
	Architectural Engineering	Architectural Engineering
	Department of Industrial Engineering	Industrial Engineering
	Department of Energy Resources Engineering	Energy Resources Engineering
	Department of Nuclear Engineering	Nuclear Engineering
	Department of Naval Architecture and Ocean Engineering	Naval Architecture and Ocean Engineering
	Program in Architecture (5-yr program)	Program in Architecture (5-yr program)
College of Agriculture and Life Sciences	Agricultural Economics & Rural Development	Agricultural and Resource Economics; Regional Information
	Plant Science	Crop Science and Biotechnology; Horticultural Science and Biotechnology; Vocational Education and Workforce Development
	Forest Sciences	Forest Environmental Science; Environmental Materials Science
	Food and Animal Biotechnology	Food Science and Biotechnology; Animal Science and Biotechnology
	Applied Biology and Chemistry	Applied Life Chemistry; Applied Biology
	Landscape Architecture and Rural System Engineering	Landscape Architecture; Rural System Engineering
	Biosystems & Biomaterials Science and Engineering	Biosystems Engineering; Biomaterials Engineering
College of Fine Arts	Crafts and Design(Crafts/ Design)	Crafts; Design
	Oriental Painting	Oriental Painting
	Painting	Painting
	Sculpture	Sculpture
College of Education(※)	Department of Education	Education
	Korean Language Education	Korean Language Education
	Foreign Language Education Group	English Language Education; German Language Education; French Language Education
	Social Sciences Education Group	Social Studies Education; History Education; Geography Education
	Department of Ethics Education	Ethics Education
	Mathematics Education	Mathematics Education
	Sciences Education Group	Physics Education; Chemistry Education; Biology Education; Earth Science Education
	Physical Education	Physical Education
College of Human Ecology	Consumer and Child Studies	Consumer Studies ; Family & Child Studies
	Food and Nutrition	Food and Nutrition
	Clothing & Textiles	Clothing & Textiles
College of Veterinary Medicine		Pre-Veterinary Medicine Program
College of Music	Vocal Music	Vocal Music
	Composition	Composition Major; Electronic Music Major;Conducting Major; Theory Major
	Instrumental Music	Piano, Strings, Woodwind/Brass/Percussion
	Korean Music	Instrumental; Theory; Composition; Vocal
College of Medicine		Pre-Medical Program
College of Liberal Studies	Humanities & Social Sciences	Humanities & Social Sciences
	Science & Engineering	Science & Engineering

※ **College of Education**: Scheduled to offer admission within 10% of each units' admission quota for the designated year in accordance with the "Teacher training institution quota adjustment" implementation by the Ministry of Education, Science and Technology

3

Admissions Timeline

SNU's academic year begins in the Spring. The university offers admissions for the Fall semester as well as the Spring. Please note the following important dates:

Order		Deadline	Notes
1. On-line Application	✧Freshmen ✧Transfer ✧Graduate	Jan. 7 (Mon), 2013 ~Feb. **27 (Wed)**,2013 (by 6:00pm)	* Find "ADMISSIONS" at the SNU website. Click "Apply online" and create an account during the specified period. (English) http://en.snu.ac.kr * Entrance to the program is in **Fall 2013**.
2. Submission of Documents (Send by post or visit in person)	✧Freshmen ✧Transfer ✧Graduate	Jan. 7 (Mon), 2013 ~Feb. **28 (Thu)**,2013 (by 6:00pm)	The required documents should arrive at the SNU Office of Admissions by this date. Applicants must have already completed the online application. ※ The venue for document submission is expected to draw very large crowds close to deadline. To ensure proper handling of your case, please submit your documents as early as possible.
3. Performance Test (for Undergraduate applicants of Korean origin who received the entire education abroad)		March 28 (Thu), 2013	* Only applies to **undergraduate applicants of Korean origin** applying to the following programs : **Fine Arts, Music or Physical Education** * The details will be notified individually by the representatives of the relevant College/Department directly.
4. Announcement of Admissions Decision		Apr. 19 (Fri), 2013	* Results will be posted on the SNU website. (Korean) http://admission.snu.ac.kr (English) http://en.snu.ac.kr
5. Registration		Aug. 2013 (TBA)	* At the branches of NongHyup Bank nationwide.
6. Korean Proficiency Test		Aug. 2013 (TBA)	* The abovementioned SNU website will indicate those who are required to take the Korean Proficiency Test on the admission result announcement screen.

- The dates above are subject to change without a prior notice.

Please Note

1. If it is not possible to apply online during the designated period, applicants may submit their application materials via post or in person. **Only accepted if the documents arrive well before the deadline: Feb. 27th 2013.** In such case, please make sure to include the application fee with your application packet.

2. The dates and deadlines listed above are in accordance to the application process for the 2013 Fall semester.

4

Admissions Criteria

Admissions decisions are based on the candidate's academic achievements and potential, as well as his or her personal accomplishments.

The admissions committee reviews a number of factors – records of past studies such as Grade Point Average (GPA), study plan, personal statement, and letters of recommendation. Other achievement records and specific qualifications such as language proficiency are also taken into consideration. The candidate's application is reviewed in the context of the level of studies completed, quality of achievements, and characteristics of institutions attended. Finally, the appropriateness of the applicant's academic goals and the suitability of preparation for the proposed program of studies are assessed.

Interviews, examinations, and/or additional documents may be required from the applicant, based on the policy of the specific college or department. If the applicant is applying to the College of Fine Arts, the College of Music, the Department of Physical Education or the Fine Arts Education Major, the applicant will be notified individually as necessary.

Application Instructions

Please observe the following instructions before beginning your application.

Form 1: Application Form

- Form 1 contains your personal information. Please specify your desired area of study, using Appendix 1 of this booklet as a reference.
  Undergraduate Freshmen Applicants: Indicate the college and corresponding admissions unit.
  Undergraduate Transfer Applicants: Indicate the college and department.
  Graduate Applicants: Indicate the college or professional school and corresponding major.
- Fill out this form at the SNU website (http://admission.snu.ac.kr or http://en.snu.ac.kr), according to the specifications in the section titled **"Submitting Your Application" on page 15.** The **application fee** (₩90,000) must be paid online with this portion of the application.
  NOTE: If you are unable to make the payment online, please include the fee in your application package with the rest of the application materials to be submitted via post or in person. The fee should be in the form of a bank draft (US$85) payable to "Office of Admissions, SNU."

Form 2: Personal Statement & Study Plan

Personal Statement

- This is an opportunity for you to convey the information about yourself and your accomplishments that could not be adequately expressed through other portions of the application.

5

Programs Offered for Admission >>> Undergraduate Transfer Applicants

- Undergraduate transfer applicants should apply to the desired department as listed below.
- Transfer admission is ***not*** offered for the Pre-Medical and Pre-Veterinary Medicine Programs, the College of Medicine, the College of Dentistry, the College of Pharmacy and the College of Law.
- Reorganization in the SNU academic affairs can result in the following: change in the name, integration, division, closure of a field of study (major)

College	Department
College of Humanities	Korean Language & Literature; Chinese Language & Literature; English Language & Literature; French Language & Literature; German Language & Literature; Russian Language & Literature; Hispanic Language & Literature; Linguistics; Korean History; Asian History; Western History; Archaeology and Art History(Archaeology major, Art History major); Philosophy; Religious Studies; Aesthetics
College of Social Sciences	Department of Political Science and International Relations(Political Science major, International Relations major), Economics, Sociology, Anthropology, Psychology, Geography, Social Welfare, Communication,
College of Natural Sciences	Mathematical Sciences, Statistics, Physics & Astronomy(Physics Major, Astronomy Major), Chemistry, Biological Sciences, Earth System Sciences
College of Nursing	Nursing
College of Business Administration	Business Administration
College of Engineering	Civil and Environmental Engineering; Mechanical and Aerospace Engineering; Materials Science and Engineering; Electrical and Computer Engineering; Computer Science and Engineering; Chemical and Biological Engineering; Program in Architectural Engineering; Industrial Engineering; Energy Resources Engineering; Nuclear Engineering; Naval Architecture and Ocean Engineering; Program in Architecture (5-yr program)
College of Agriculture and Life Sciences	Agricultural Economics & Rural Development (Agricultural and Resource Economics; Regional Information); Plant Science (Crop Science and Biotechnology, Horticultural Science and Biotechnology, Vocational Education Human Resource Development); Forest Sciences (Forest Environmental Science; Environmental Materials Science); Food and Animal Biotechnology (Food Science & Biotechnology, Animal Science and Biotechnology); Applied Biology and Chemistry (Applied Life Chemistry; Applied Biology); Biosystems and Biomaterials Science and Engineering (Biosystems Engineering; Biomaterials Engineering); Landscape Architecture and Rural System Engineering (Landscape Architecture; Rural System Engineering)
College of Fine Arts	Crafts and Design(Crafts, Design); Oriental Painting; Painting; Sculpture
College of Education(※)	Education; Korean Language Education; English Language Education; German Language Education; French Language Education; Social Studies Education; History Education; Geography Education; Ethics Education; Mathematics Education; Physics Education; Chemistry Education; Biology Education; Earth Science Education; Physical Education
College of Human Ecology	Consumer and Child Studies (Consumer Studies; Family and Child Studies) Food & Nutrition; Clothing & Textiles
College of Music	Vocal Music; Composition (Composition Major; Conducting Major; Theory Major); Instrumental Music (Piano, Strings, Woodwind/Brass); Korean Music (Instrumental, Theory, Composition, Vocal)
College of Veterinary Medicine	Veterinary Medicine

※ **College of Education:** Scheduled to offer admission within 10% of each units' admission quota for the designated year in accordance with the "Teacher training institution quota adjustment" implementation by the Ministry of Education, Science and Technology

Programs Offered for Admission >>> Graduate Program Applicants

- Applicants to Graduate program can choose only one course among Ms/ Ms & PhD/ PhD according to the eligibility of each degree course (p. 13~14) and apply to the desired department/ school/ major which is marked with '○'.
- Reorganization in the SNU academic affairs can result in the following: change in the name, integration, division, closure of a field of study (major).
- '*' means a Dept., Major, Interdisciplinary program will recruit by specific fields.
- '#' means a Dept. or Major of WCU(World Class University) program.

HUMANITIES AND SOCIAL SCIENCES

College	Department / School	Major	Graduate Course: Master's	Graduate Course: Combined Master's & Doctoral	Graduate Course: Doctoral
College of Humanities	Korean Language and Literature		○		○
	Chinese Language and Literature		○		○
	English Language and Literature		○		○
	French Language and Literature		○		○
	German Language and Literature		○		○
	Russian Language and Literature		○		○
	Hispanic Language and Literature		○		○
	Linguistics		○		○
	Korean History		○		○
	Asian History		○		○
	Western History		○		○
	Philosophy	Eastern Philosophy Major	○		○
		Western Philosophy Major	○		○
	Religious Studies		○		○

6

	Aesthetics		○		○
	Archaeology and Art History	Archaeology Major	○		○
		Art History Major	○		○
	Interdisciplinary Programs	Classical Studies Major	○		○
		Cognitive Science Major	○		○
		Comparative Literature Major	○		○
		Archival Science Major	○		
		Performing Arts Studies Major	○		○
College of Social Sciences	Department of Political Science and International Relations	Political Science Major	○		○
		International Relations Major	○		○
	Economics		○	○	○
	Sociology		○		○
	Anthropology		○		○
	Psychology		○		○
	Geography		○		○
	Social Welfare		○		○
	Communication		○	○	○
	Interdisciplinary Programs	Gender Studies Major	○		○
College of Business Administration	Business Administration		○		○
College of Agriculture and Life Sciences	Agricultural Economics & Rural Development	Agricultural and Resource Economics Major	○		○
		Regional Information Major	○		○
College of Law	Law		○		○
College of Education	Education			○	○
		Foundations of Education Major	○		
		Education Technology Major	○		
		Educational Counseling Major	○		
		Education Administration Major	○		
		Life-Long Education Major	○		
	Korean Language Education	Teaching Korean as Foreign Language Major	○		○
	Foreign Language Education	English Education Major	○		○
		German Education Major	○		○
		French Education Major	○		○
	Social Studies Education	Social Studies Education Major	○		○
		History Major	○		○
		Geography Major	○		○
	Ethics Education		○		○
	*Physical Education	(Sports Science Major)	○		○
		(Human Exercise Major)	○		○
		(Global Sports Management Major)	○		○
	Interdisciplinary Programs	Music Education Major	○		○
		Fine Arts Education Major	○		○
		Home Economics Education Major	○		○
		Special Education Major	○	○	○
		Environment Education Major	○		○
		Early Childhood Education Major	○		○
		Global Education Cooperation Major	○	○	○
College of Human Ecology	Consumer Studies and Resource Management		○		○
	Child Development and Family Studies		○		○
Graduate School of Public Administration	Public Administration	Public Administration Major	○		○
		Public Policy Major	○		○
Graduate School of Environmental Studies	Environmental Planning	Environmental Planning Major			○
Graduate School of International Studies	International Studies				○
		International Commerce Major	○		
		International Cooperation Major	○		
		International Area Studies Major	○		
		Korean Studies Major	○		

NATURAL SCIENCES

College	Department / School	Major	Graduate Course		
			Master's	Combined Master's & Doctoral	Doctoral
College of Natural Sciences	Mathematical Sciences		○	○	○
	Statistics		○		○
	Physics & Astronomy	Physics Major	○	○	○
		Astronomy Major	○	○	○
	Chemistry		○	○	○
	Biological Sciences		○	○	○

7

	Earth and Environmental Sciences		○	○	○
	#Department of Biophysics and Chemical Biology		○	○	○
	#Brain & Cognitive Sciences		○	○	○
	Interdisciplinary Programs	History and Philosophy of Science Major	○		○
		Genetic Engineering Major	○	○	○
		Neuroscience Major	○	○	○
		Bioinformatics Major	○		○
		Computational Science and Technology Major	○		○
College of Nursing	* Nursing	(Maternal-child and Psychiatric Nursing)	○	○	○
		(Adult Nursing)	○	○	○
		(Community and Nursing care Systems)	○	○	○
College of Agriculture and Life Sciences	Plant Science	Crop Science and Biotechnology Major	○	○	○
		Horticultural Science and Biotechnology Major	○	○	○
	Forest Sciences	Forest Environmental Science Major	○		○
		Environmental Materials Science Major	○	○	○
	Agricultural Biotechnology		○	○	○
	Agricultural Biotechnology	#Biomodulation Major	○	○	○
	Landscape Architecture & Rural Systems Engineering	Landscape Architecture Major	○		
		Rural Systems Engineering Major	○	○	○
	Biosystems and Biomaterials Science & Engineering	Biosystems Engineering Major	○	○	○
		Biomaterials Engineering Major	○	○	○
	Agricultural & Vocational Education		○	○	○
	Interdisciplinary Programs	Agricultural and Forest Meteorology Major	○	○	○
College of Education	Mathematics Education		○		○
	Science Education	Physics Education Major	○		○
		Chemistry Education Major	○	○	○
		Biology Education Major	○		○
		Earth Sciences Education Major	○		○
College of Human Ecology	Food and Nutrition		○	○	○
	Clothing and Textiles		○		○
College of Pharmacy	*Pharmacy			○	○
		(Pharmacology Major)	○		
		(Pharmaceutical Bioscience Major)	○		
		(Pharmacognosy and Pharmaceutical Analysis Major)	○		
		(Pharmaceutical Health Science Major)	○		
		(Pharmaceutical Chemistry Major)	○		
		(Pharmaceutics Major)	○		
		(Natural Products Science Major)	○		
Graduate School of Public Health	Health Science and Services	Major in Public Health	○		
		Major in Health Care Management and Policy	○		
	*Environmental Health	(Major in Environmental Health)	○		
	*Health Science and Services	(Major in Public Health)			○
		(Major in Health Care Management and Policy)			○
		(Major in Environmental Health)			○
Graduate School of Environmental Studies	*Environmental Planning	(City and Regional Planning)	○		
		(Transportation Management)	○		
		(Environmental Management)	○		
	Landscape Architecture		○		
	Interdisciplinary Programs	Landscape Architecture			○
Graduate School of Convergence Science and Technology	#Molecular Medicine and Biopharmaceutical Science		○	○	○

ENGINEERING

College	Department / School	Major	Graduate Course: Master's	Combined Master's & Doctoral	Doctoral
College of Engineering	Architecture		○	○	○
	Energy Systems Engineering		○	○	○
	Electrical Engineering and Computer Science		○	○	○
	Materials Science and Engineering		○	○	○
	Materials Science and Engineering	#Hybrid Materials Major	○	○	○
	Mechanical and Aerospace Engineering		○		○
	Mechanical and Aerospace Engineering	#Multiscale Mechanical Design Major	○		○
	Civil and Environmental Engineering		○	○	○
	Chemical and Biological Engineering		○	○	○
	Chemical and Biological Engineering	#Chemical Convergence for Energy & Environment Major	○		○
	Industrial Engineering and Naval Architecture		○	○	○

8

	Interdisciplinary Programs	Bioengineering Major	○	○	○
		Urban Design Major	○		○
		Technology Management Economics and Policy Major	○	○	○
Graduate School of Convergence Science and Technology	Department of Transdisciplinary Studies	Nano Science and Technology	○	○	○
		Digital Contents Information Studies	○	○	○
		Intelligent Systems	○	○	○
		Biomedical Radiation Sciences	○	○	○
MEDICAL SCIENCES					
College	**Department / School**	**Major**	**Graduate Course**		
			Master's	**Combined Master's & Doctoral**	**Doctoral**
College of Medicine	Department of Biomedical Sciences		○	○	○
	*Medicine	(Anatomy Major)	○		○
		(Pathology Major)	○		○
		(Pharmacology Major)	○		○
		(Microbiology Major)	○		○
		(Preventive Medicine Major)	○	○	○
		(Parasitology Major)	○		○
		(History of Medicine and Medical Humanities Major)	○		○
		(Forensic Medicine Major)	○		○
		(Health Policy and Management Major)	○		○
		(Biomedical Engineering Major)	○	○	○
		(Medical Education Major)	○		○
		(Internal Medicine Major)	○		○
		(General Surgery Major)	○		○
		(Pediatrics Major)	○		○
		(Obstetrics & Gynecology Major)	○		○
		(Psychiatry Major)	○	○	○
		(Orthopedic Surgery Major)	○		○
		(Urology Major)	○		○
		(Otolaryngology Major)	○		○
		(Thoracic Surgery Major)	○		○
		(Neurosurgery Major)	○		○
		(Ophthalmology Major)	○		○
		(Dermatology Major)	○	○	○
		(Radiology Major)	○		○
		(Anesthesiology and Pain Medicine Major)	○		○
		(Plastic Surgery Major)	○	○	○
		(Radiation Oncology Major)	○		○
		(Laboratory Medicine Major)	○		○
		(Rehabilitation Medicine Major)	○		○
		(Nuclear Medicine Major)	○		○
		(Family Medicine Major)	○		○
		(Emergency Medicine Major)	○		○
		(Immunology Major)	○		○
		(Molecular & Genomic Medicine Major)	○	○	○
		(Molecular and Clinical Oncology Major)	○		○
		(Neuroscience Major)	○		○
	Interdisciplinary Programs	Tumor Biology Major	○		○
		Clinical Pharmacology Major	○		○
		Interdisciplinary Program of Medical Informatics	○		○
College of Dentistry	*Dental Science	(Department of (head and neck) anatomy and imaging science)	○	○	○
		(Preventive & Social Dentistry)	○	○	○
		(Dental Biomaterials Science)	○	○	○
		(Cell and Developmental Biology)	○	○	○
		(Program in Neuroscience)	○	○	○
		(Dental Regenerative Biotechnology)	○	○	○
		(Immunology and Molecular Microbiology in Dentistry)	○	○	○
		(Healthcare Management and Informatics)	○	○	○
		(Cancer and Developmental Biology)	○	○	○
		(Molecular Genetics)	○	○	○
		(Oral Pathology)	○	○	○
		(Prosthodontics)	○	○	○
		(Conservative Dentistry)	○	○	○
		(Oral and Maxillofacial Surgery)	○	○	○
		(Pediatric Dentistry)	○	○	○
		(Periodontology)	○	○	○
		(Oral and Maxillofacial Radiology)	○	○	○
		(Oral Medicine and Oral Diagnosis)	○	○	○
		(Orthodontics)	○	○	○
		(Anesthesiology in Dentistry)	○	○	○

9

	Department of Dental Medicine and Life Sciences		○	○	○
College of Veterinary Medicine	*Veterinary Medicine	(Veterinary Anatomy Major)	○	○	○
		(Veterinary Physiology Major)	○	○	○
		(Veterinary Microbiology Major)	○	○	○
		(Veterinary Pathology Major)	○	○	○
		(Veterinary Public Health Major)	○	○	○
		(Veterinary Internal Medicine Major)	○	○	○
		(Veterinary Surgery Major)	○	○	○
		(Veterinary Obstetrics Major)	○	○	○
	Interdisciplinary Programs	Zoonotic Disease Major	○	○	○
THE ARTS					
College	**Department / School**	**Major**	**Graduate Course**		
			Master's	**Combined Master's & Doctoral**	**Doctoral**
College of Music	*Music	(Vocal Music Major)	○		○
		(Composition Major)	○		
		(Theory Major)	○		
		(Conducting Major)	○		
		(Piano Major)	○		○
		(String Major)	○		○
		(Woodwind/Brass Major)	○		○
		(Korean Instrumental Music Major)	○		
		(Korean Music Theory Major)	○		
		(Korean Music Composition Major)	○		
		(Korean Vocal Music Major)	○		
		(Korean instrumental music · Korean vocal music major)			○
		(Composition · Korean music composition · Conducting major)			○
		(Musicology Major)			○
College of Fine Arts	*Crafts and Design	(Ceramics Major)	○		
		(Metalsmithing Major)	○		
		(Visual Communication Design Major)	○		
		(Industrial Design Major)	○		
		(Crafts Major)			○
		(Design Major)		○	○
		(Design History and Culture Major)	○		○
	* Fine Arts	(Oriental Painting Major)			○
		(Painting/Printmaking Major)			○
		(Sculpture Major)			○
	Oriental Painting		○		
	* Painting	(Painting Major)	○		
		(Printmaking Major)	○		
	Sculpture		○		
	Interdisciplinary Programs	Arts Management	○		○

10

Appendix 2: Contact Information

	Department	Telephone	Notes
Applicant Eligibility	Office of Admissions	+82-2-880-6971, 6977	
	College of Humanities	+82-2-880-6007, 6008	
	College of Social Sciences	+82-2-880-6306, 6307	
	College of Natural Sciences	+82-2-880-6506, 6507	
	College of Nursing	+82-2-740-8804, 8807	
	College of Business Administration	+82-2-880-6919	
	College of Engineering	+82-2-880-7008	
	College of Agric & Life Sciences	+82-2-880-4506	
	College of Fine Arts	+82-2-880-7454	
	College of Law	+82-2-880-7536, 7537	
	College of Education	+82-2-880-7606, 7607	Physical Education: +82-2-880-7806
	College of Human Ecology	+82-2-880-6804	
	College of Veterinary Medicine	+82-2-880-1208	
	College of Pharmacy	+82-2-880-7825	
	College of Music	+82-2-880-7906	
	College of Medicine	+82-2-740-8031	
	College of Dentistry	+82-2-740-8611	
	College of Liberal studies	+82-2-880-9536	
	Graduate School of Public Health	+82-2-880-2708	
	Graduate School of Public Administration	+82-2-880-5603	
	Graduate School of Environmental Studies	+82-2-880-5642	
	Graduate School of International Studies	+82-2-880-8505	
	Graduate School of Convergence Science and Technology	+82-31-888-9127	
Tuition payment, refund	General Administration / Division of Accounting	+82-2-880-5107	
Scholarship Information	Office of Student Affairs / Division of Scholarship	+82-2-880-5078, 5079	
Temporary Cessation, Course management	Office of Academic Affairs	+82-2-880-5033	
Class Registrations	Office of Academic Affairs	+82-2-880-5043	
Foreigner	Office of International Affairs	+82-2-880-2519	Scholarship
		+82-2-880-4447	Certificate of Admission
Dormitory	Gwanaksa	+82-2-880-5404	Dormitory Information

Appendix 3: Tuition (per semester)

These are approximate figures and are subject to change. All figures are in Korean won.

Undergraduate Freshman		
College of Humanities		₩ 2,643,000
College of Social Sciences		₩ 2,643,000
College of Natural Sciences	Natural Sciences	₩ 3,182,000
	Mathematical Sciences	₩ 2,651,000
College of Nursing		₩ 3,182,000
College of Business Administration		₩ 2,643,000
College of Engineering		₩ 3,206,000
College of Agriculture and Life Sciences	Humanities and Social Sciences	₩ 2,643,000
	Natural Sciences and Education	₩ 3,182,000
College of Fine Arts		₩ 3,869,000
College of Education	Humanities and Social Sciences	₩ 2,643,000
	Natural Sciences and Physical Education	₩ 3,182,000
	Mathematics Education	₩ 2,651,000
College of Human Ecology	Humanities and Social Sciences	₩ 2,643,000
	Natural Sciences	₩ 3,182,000
College of Veterinary Medicine		₩ 3,280,000
College of Music		₩ 4,135,000
College of Medicine		₩ 3,280,000
College of Liberal studies		₩ 3,182,000

1st-year Graduate Students		
College of Humanities		₩ 3,317,000
College of Social Sciences		₩ 3,317,000
College of Natural Sciences	Natural Sciences, Interdisciplinary Programs	₩ 4,020,000
	Dept. of Mathematics, History of Science, Philosophy of Science	₩ 3,325,000
College of Nursing		₩ 4,020,000
College of Business Administration		₩ 3,317,000
College of Engineering		₩ 4,046,000
College of Agriculture and Life Sciences	Humanities and Social Sciences	₩ 3,317,000
	Natural Sciences	₩ 4,020,000
College of Fine Arts		₩ 4,915,000
College of Law		₩ 3,317,000
College of Education	Humanities and Social Science	₩ 3,317,000
	Natural Science, Physical Education	₩ 4,020,000
	Mathematics Education	₩ 3,325,000
College of Human Ecology	Humanities and Social Sciences	₩ 3,317,000
	Natural Sciences	₩ 4,020,000
College of Veterinary Medicine	Clinical	₩ 5,861,000
	Basic	₩ 5,430,000
College of Pharmacy		₩ 4,915,000
College of Music		₩ 5,262,000
College of Medicine	Clinical	₩6,208,000
	Basic	₩ 4,992,000
College of Dentistry	Clinical	₩6,224,000
	Basic	₩ 4,992,000
Graduate School of Public Health		₩ 4,020,000
Graduate School of Public Administration		₩ 3,317,000
Graduate School of Environmental Studies		₩ 4,020,000
Graduate School of International Studies		₩ 3,317,000
Graduate School of Convergence Science and Technology		₩ 4,239,000

12

Appendix 4: The list of countries for Apostille certificates

• ALBANIA • ANDORRA • ANTIGUA AND BARBUDA • ARGENTINA • ARMENIA • AUSTRALIA • AUSTRIA • AZERBAIJAN • BAHAMAS • BARBADOS • BELARUS • BELGIUM • BELIZE • BOSNIA-HERZEGOVINA • BOTSWANA • BRUNEI DARUSSALAM • BULGARIA • CAPE VERDE • CHINA, PEOPLE'S REPUBLIC OF • COLOMBIA • COOK ISLANDS • COSTA RICA • CROATIA • CYPRUS • CZECH REPUBLIC • DENMARK • DOMINICA • DOMINICAN REPUBLIC • ECUADOR • EL SALVADOR • ESTONIA • FIJI • FINLAND • FRANCE • GEORGIA • GERMANY • GREECE • GRENADA • HONDURAS • HUNGARY • ICELAND • INDIA • IRELAND • ISRAEL • ITALY	• JAPAN • KAZAKHSTAN • KOREA, REPUBLIC OF • KYRGYZSTAN • LATVIA • LESOTHO • LIBERIA • LIECHTENSTEIN • LITHUANIA • LUXEMBOURG • THE FORMER YUGOSLAV REPUBLIC OF MACEDONIA • MALAWI • MALTA • MARSHALL ISLANDS • MAURITIUS • MEXICO • MOLDOVA, REPUBLIC OF • MONACO • MONGOLIA • MONTENEGRO • NAMIBIA • NETHERLANDS • NEW ZEALAND • NICARAGUA • NIUE • NORWAY • OMAN • PANAMA • PERU • POLAND • PORTUGAL • ROMANIA • RUSSIAN FEDERATION • SAMOA • SAN MARINO • SAO TOME AND PRINCIPE • SERBIA • SEYCHELLES • SLOVAKIA • SLOVENIA • SOUTH AFRICA • SPAIN • ST. KITTS AND NEVIS • ST. LUCIA • ST. VINCENT AND THE GRENADINES • SURINAME	• SWAZILAND • SWEDEN • SWITZERLAND • TONGA • TRINIDAD AND TOBAGO • TURKEY • UKRAINE • UNITED KINGDOM • UNITED STATES OF AMEICA • URUGUAY • UZBEKISTAN • VANUATU • VENEZUELA

13

Appendix 5: Seoul National University Campus Map: http://en.snu.ac.kr/upload/about/campusmap_eng.pdf

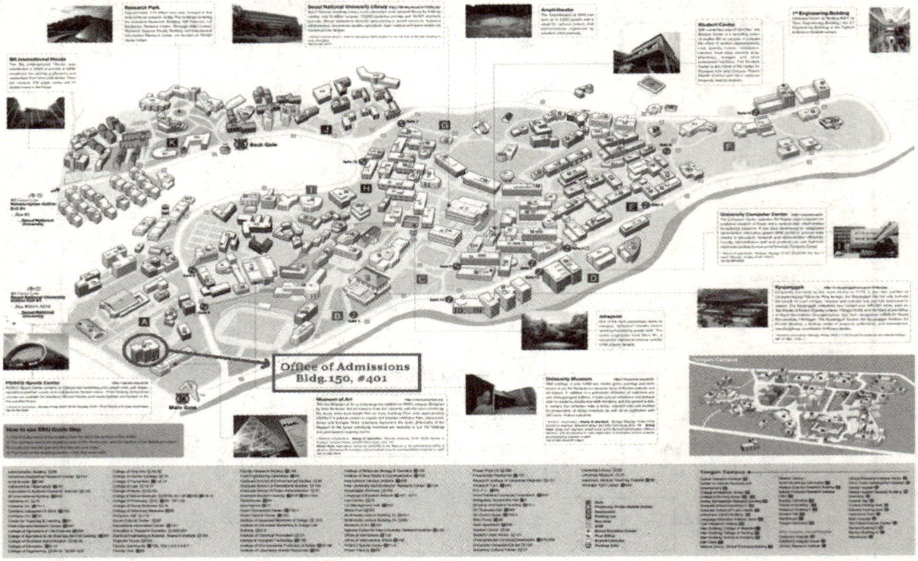

申请入学

申请大学时，应准备至少1~2篇论文。

赴韩国留学的学生，必须先获得韩国任一大学的录取通知书，才可申请学生签证赴韩。韩国大学的学年一般是两个学期共32周，除寒暑假外，上课时间为每年的3月~6月，9月~12月。其中又根据各大学情况分为2~4个学期；申请入学的时限多为报名春季入学，须在头一年的8月~11月申请；报名秋季日学须在当年的4月~8月申请。

申请赴韩留学的学生选择好心仪的学校后，应尽早向校方提出入学申请。

申请入学的步骤

- 确定欲就读的学校，及是否准备向1所或多所大学提出申请。
- 向学校索取或是从网络上下载入学申请表。
- 仔细查看入学申请表的内容，认真翔实地填写。
- 备齐个人各项材料，如高中毕业证书、TOPIK成绩单、推荐信、个人作品、健康证明等等，随填写好的申请表及其报名费以挂号信的形式一起寄出。
- 准备好汇票以支付学院要求缴纳的学费、生活费及医疗保险费。
- 学校收到上述材料和报名费后，会进行评估，如申请者的个人情况符合入学要求，则会寄回录取通知书。

现今，韩国大学大都都开通了"在线申请入学"系统，申请者不必再向学校索要纸质的申请表，可从网络上下载或直接在线填写申请表格。但要注意的是：大部分韩国大学还需收到学生的个人材料才进行审批，因此申请者必须尽早提交申请，为后面一系列手续留出充足时间。

韩国的奖学金

留学的费用不菲，想要减轻负担，申请奖学金是最见成效的做法。韩国政府一向注重教育，凭借宽松的留学政策和低廉的留学费用吸引了各方学子到韩国求学。为了促使更多的留学生赴韩国就读，韩国各大学开设了种类繁多的奖学金项目，其从学士到博士课程都设置了不同级别、不同金额的奖学金，覆盖面极广。优秀学子甚至可以减免学费。韩国教育部也开设了针对大学生的奖学金项目，目的在于培育新型人才。部分韩国企业为了吸引优秀毕业生，还添设了企业奖学金。留学生可根据自身情况申请。

韩国的奖学金主要分 3 大类：

政府奖学金
大学奖学金
企业奖学金

韩国大学的奖学金众多，留学生申请时要注意所申请奖学金针对的专业。若符合自己所学专业则在申请时有事半功倍之效。

政府奖学金

韩国政府鼓励各国留学生赴韩国学习，为了吸引优秀留学生，韩国政府设立了各种奖学金项目，其中有多项是针对中国留学生的，这多种奖学金分为全额和半额，每年申请者众多。中国留学生常申请的政府奖学金主要有 3 种。

韩国政府奖学金
中国政府奖学金
韩国政府互换奖学金

韩国政府奖学金

根据韩国与中国签订的文化交流协议，赴韩的中国留学生可享受韩国教育资源部提供的奖学金。此项奖学金是为了使中国留学生在政治、经济等各领域得到长足的发展，并增强韩国和中国之间的联系，加深友谊，为中韩友好做出贡献。

资助对象

主要面向在韩国高等教育机构进行硕士、博士课程学习或课题研究的中国公民。

资助内容

- 提供留学生赴韩的国际机票费用。
- 提供留学生在韩的生活费用。
- 提供留学生在韩的学费。
- 提供留学生在韩的住宿费用。
- 提供留学生在韩的语言进修费用。
- 提供留学生从韩国回中国的费用。
- 提供留学生在韩国的论文印刷费用。
- 提供留学生在韩的保险费用。

申请韩国大学的奖学金应在入学前一年就着手准备，申请者须注意申请的截止日期，不要拖延至过期。

申请条件

- 自高中开始学习成绩优秀，毕业成绩要达到全校前 20%水平。
- 至少持有本科文凭或相当于本科的文凭（或者申请奖学金当年即将获得文凭），攻读博士学位者须具有硕士学位学历。
- 具有中国国籍的中国公民。
- 未超过 40 岁。
- 未获得韩国授予的其他同类奖学金。
- 可用韩语或英语交流。
- 身体健康。
- 在韩国高等教育学院中就读硕士学位课程。
- 为两国友谊做出贡献。
- 课题研究申请者，要经过韩国研究机构、大学或有关部门的批准。
- 就读以下学科：

韩国学
人文/社会
自然学科
其他学科

留学生在等待奖学金批准的过程中，应多与学校办公室、资助办公室等部门保持联系，获得奖学金后可将其作为资金证明的一部分提交。

申请材料

- 按要求用韩语填写的奖学金申请表。
- 用韩语撰写的个人简历和动机信。
- 用韩语撰写的自我介绍。
- 留学计划介绍。
- 推荐信(可选)。
- 财产担保证明。
- 个人医疗评估。
- 大学本科毕业证书。
- 研究生文凭证书。
- TOPIK 证书。
- TOFEL 或 IELTS 证书。
- 护照复印件。

对申请者的素质要求

- 有抱负、有魄力。
- 有潜在的领导才能。
- 思维活跃、具有创新和创造才能。
- 能快速适应不断变化的环境。

一般来说，工科如社会科学、工程、建筑等专业较易于获得奖学金；而商科、金融类专业则难以获得奖学金，除非留学生足够优秀，有特殊贡献。

韩国政府奖学金申请网站

如何申请

想要申请该项奖学金的韩国留学生，可登录韩国政府奖学金的官网NIIED"http://www.studyinkorea.go.kr/en/main.do"查询截止日期、申请要求、寄送地址等信息。

韩国政府奖学金申请网站

中国政府奖学金

为奖励品学兼优的自费留学人员在学业上取得的优异成绩，鼓励自费留学人员回国工作和以多种形式为国服务，经教育部批准，国家留学基金管理委员会设立"国家优秀自费留学生奖学金"。

资助对象

主要面向在韩国攻读博士学位一年以上（不含一年）、持有中华人民共和国护照、年龄在40岁以下的自费留学人员。

资助内容

- 资助获得奖学金者6000美元。
- 特别优秀者奖励奖学金1000美元。

申请条件

- 自高中开始学习成绩优秀，大学学习成绩优秀。
- 攻读博士学位者须具有硕士学位学历。
- 具有中国国籍的中国公民。
- 未超过40岁。
- 未获得该项奖学金或未享受国家留学基金资助。
- 博士生在读，未获得博士学位者。

韩国部分学校在学生申请奖学金后，甚至会请留学生到该大学的中国办事处或是派人来为留学生面试。

申请材料

- 登录网上报名系统（http://yxzfs.csc.edu.cn），按要求如实填写网上申请表，提交后打印，并经本人签字。
- 有效期内的护照首页复印件。
- 附有导师本人签名的导师推荐信。
- 博士生在校注册证明、学习有效证明。
- 最高学历、学位证书复印件。
- 研究课题材料。

- 代表性成果材料的1000字以内的中文摘要及封面、目录、首页报告。
- 学术会议邀请函。
- 其他附件。

对申请者的素质要求

- 有抱负、有魄力。
- 有潜在的领导才能。
- 思维活跃、具有创新和创造才能。
- 能快速适应不断变化的环境。

如何申请

申请该项奖学金应登录中国国家基金管理委员会官方网站 http://yxzfs.csc.edu.cn/scholarship/main/person/login.jsf，申请时请用邮箱上传以上附件(2-9)，其中材料2~6项为必传项。打印申请表后应按以上顺序将所有材料在左上角装订成册(一式三份，其中由驻外使(领)馆教育处(组)向国家留学基金委提交两份，驻外使(领)馆教育处(组)留存一份。现今实行网上评审，纸质材料及电子材料均为必需，材料提交不全或纸质材料份数不足3份者，将会被视为材料不合格，影响参评资格。

韩国大学衡量学生的优秀与否主要看：1，韩语水平；2，学术成绩；3，自身的才能和领导能力。

中国国家基金管理委员会

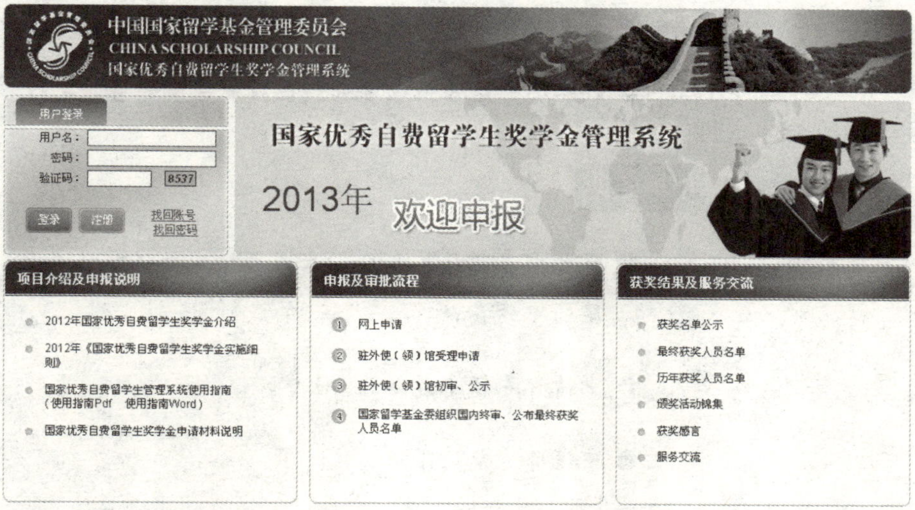

韩国政府互换奖学金

这项奖学金是中华人民共和国教育部与大韩民国教育人力资源部设定的，规定中国与韩国互派留学人员进行交流，其中较为优秀者可获得对方政府资助。

资助对象

中国与韩国政府交流互派留学生。

资助内容

- 每月补贴学费 90 万韩元。
- 补贴安家费约 20 万韩元。
- 一年两次补贴学术费用约 21 万韩元。

- 补贴论文印刷费不超过 50 万韩元。
- 每月补贴医疗费用 1.5 万韩元。
- 补贴全部语言培训费和一次往返国际旅费。

申请条件

- 符合国家留学基金资助出国留学人员选拔简章规定的申请条件。
- 申请者年轻不应超过 40 岁。
- 申请者应获得硕士学位。
- 申请者未就读博士课程。
- 申请者应具有 TOPIK 证书，且等级达到 5 级以上。

申请材料

- 登录网上报名系统（http://yxzfs.csc.edu.cn），按要求如实填写网上申请表，提交后打印，并经本人签字。
- 有效期内的护照首页复印件。
- 附有导师本人签名的导师推荐信。
- 硕士生在校注册证明、学习有效证明。
- 最高学历、学位证书复印件。

对申请者的素质要求

- 有抱负、有魄力。
- 有潜在的领导才能。
- 思维活跃、具有创新和创造才能。
- 能快速适应不断变化的环境。

如何申请

申请该项奖学金应登录中国国家基金管理委员会官方网站 http://yxzfs.csc.edu.cn/scholarship/main/person/login.jsf,进行查询报名。

大学奖学金

韩国的国立大学学费较低,但私立大学,尤其是商业类学校的学费则较高。为了不造成学生的负担,鼓励优秀学生入校就读,韩国大部分大学都设有本校奖学金。韩国大学奖学金的特色即奖学金项目多,但资金额度不高,这是为了保证奖学金发放的范围,使付出了努力的学生都能获得回报。根据韩国教育资源部统计数据来看,韩国高等院校学生获得校内奖学金的比例远远高于其他国家,部分院校学生的奖学金获取率甚至能高达 10%以上。有些学校还会提供一部分助学金, 帮助家境困难的学生得以完成学业。由于韩国各院校情况不一,因此奖学金的发放状况也不尽相同,下面仅做笼统介绍,详细资料应到申请大学的官方网站上查询、获取。

大学奖学金

韩国各大学为了鼓励优秀学生，现今多放宽了奖学金获取者的范围，将奖学金的额度分级，根据学生的课业成绩发放，并特设贡献奖学金、功绩奖学金等项目，奖励那些有突出贡献的学生。

资助内容

由于各大学的情况不同，因此资助金额和资助方式也各有差别。

- 部分大学直接按学生的成绩分级奖励，并一次性发放。
- 部分大学负担学生的生活费用，定期／不定期发放。
- 部分大学负担学生的住宿费用，并可为学生安排宿舍。
- 部分大学负担学生的科研、实验设备的采买费用。
- 部分大学为学生添设健康保险。
- 部分大学奖励有突出成就的学生，一次性发放奖学金。

申请条件

由于各大学的情况不同，因此各大学的奖学金申请条件也不同。大致为：

- 学业优异。
- 在该院校就读高等课程。
- 申请者不得已获得该院校的同类奖学金。
- 申请者至少持有高中或高中毕业同等水平的文凭。

申请材料

由于各院校的情况不同，因此各院校的奖学金所需申请材料也不完全相同。大致为：

- 按要求用韩语填写的奖学金申请表。
- 用韩语撰写的个人简历和动机信。
- 文凭和(或)成绩单复印件。
- 留学计划介绍。
- 推荐信(可选)。
- 申请院校的注册证明。

对申请者的素质要求

- 有抱负、有魄力。
- 有潜在的领导才能。
- 思维活跃、具有创新和创造才能。
- 能快速适应不断变化的环境。

如何申请

想要申请该项奖学金的韩国留学生，先确定自己就读院校是否设有奖学金。若设有，则登录院校官方网站，查询相关信息。

以首尔大学为例：

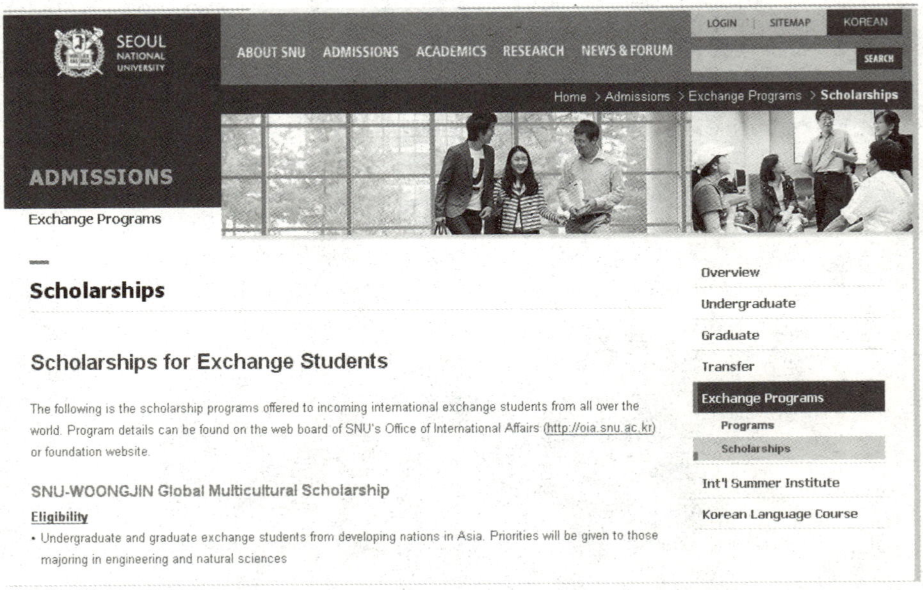

企业奖学金

韩国是商业高度发展的发达国家，其外向型企业众多，为了吸引优秀人才，鼓励优秀学生赴公司实习、就职，部分韩国企业开设了奖学金，奖励在学习阶段课业成绩优秀、有突出贡献的学生，并按学生的课业成绩、专业项目贡献来发放，还特设有贡献奖学金。这些奖学金项目五花八门，开办日期也不定期，不定时，金额也大小不等。

资助内容

由于各企业的情况不同，因此资助金额和资助方式也各有差别。

- 部分企业直接按学生的成绩一次性发放。
- 部分企业负担学生的生活费用，定期/不定期发放。
- 部分企业负担学生的住宿费用，并可为学生安排宿舍。
- 部分企业负担学生的科研、实验设备的采买费用。
- 部分企业为学生添设健康保险。
- 部分企业奖励有突出成就的学生，一次性发放奖学金。

申请条件

由于各企业的情况不同，因此各大学的奖学金申请条件也不同。大致为：

- 学业优异。
- 在公司的研究机构从事研究。
- 未获得其他企业的同类奖学金。
- 申请者至少持有研究生文凭。

申请材料

由于各地区的情况不同，因此各地区的奖学金所需申请材料不尽相同。大致为：

- 按要求用韩语填写的奖学金申请表。
- 用韩语撰写的个人简历和动机信。
- 文凭和(或)成绩单复印件。
- 留学计划介绍。
- 推荐信(可选)。
- 科研成果。
- 突出贡献材料。

对申请者的素质要求

- 有抱负、有魄力。
- 有潜在的领导才能。
- 思维活跃、具有创新和创造才能。
- 能快速适应不断变化的环境。

如何申请

想要申请该项奖学金的韩国留学生，先确定所要实习、供职的公司是否开设有奖学金，如韩国著名企业三星、LG 等企业、财团就常为留学韩国的学生提供奖学金项目，申请这类奖学金的留学生可到公司的官方网站查询，或直接电询如何申请。

三星公司官方首页

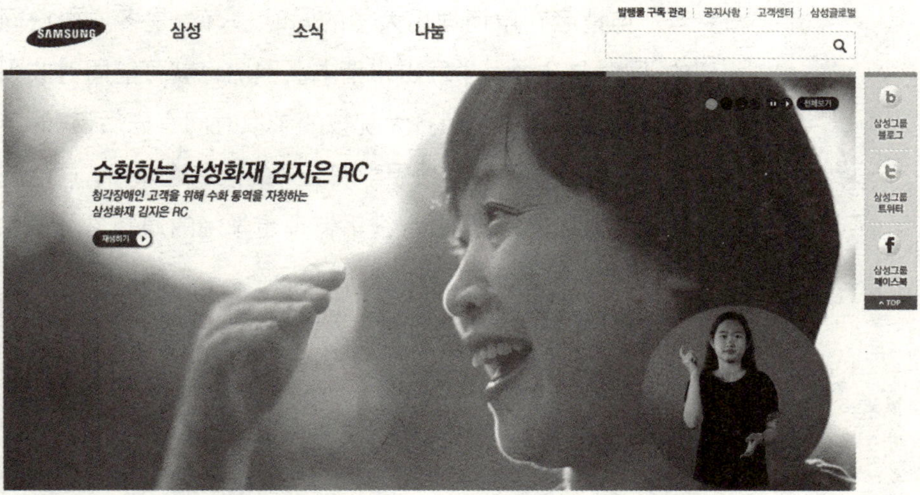

入学准备

寄出所有申请资料后，2~3 个月后就会收到申请学校的回馈。部分学校除寄来录取通知书，还会附有入学所需的各种资料。部分学校则会要求被录取学生先缴纳相关费用后，再寄发正式的入学通知书。收到入学通知书后，就要开始做入学准备了，如准备资金、申请签证、申请宿舍等等。

收到录取通知书

申请者在申请理想大学的同时，有时是多方面撒网的，同时向几个大学发出申请书。因此也就可能同时收到多份录取通知书。因各大院校的录取时间有先后，有时申请者甚至会提前收到理想学院之外的录取通知书。这时就要考虑做出决定，是否继续等待理想学院的通知书。切忌好高骛远，一意孤行，以免最后一场空。

申请者可将申请材料、成绩单等寄出后，学校会综合评估其材料和成绩，确定其是否具有入学资格。如果一切顺利，申请者一般会在 4~6 个月后收到录取通知书。韩国大学的录取通知书通常分为“有条件录取通知书”和“正式录取通知书”2 种。有条件录取通知书一般即所申请大学附属语言学校录取通知书。

申请大学时，毕业生可寻找一个实习单位，进行一段时间的实习。

正式录取通知书

正式录取通知书即无条件录取通知书，申请者在备全所有资料并寄出后，经过学院招生办公室的评估后，认为该申请者材料齐全，成绩相当，完全符合录取资格，就会寄出正式录取通知书。当申请者收到这份正式录取通知书后，如果确定这就是自己所等待的那份，那么要做的就只是接受这份录取通知书。正式录取通知书上会注明学生的“入学步骤”，并按校规要求列出了各项规定，申请学生应逐项完成。部分韩国的大学会要求申请者先缴纳学费（通常为第一年的学费）。当学生办齐这些手续后，便会收到入学确认信。收到确认信后才能开始办理学生签证。

以首尔大学正式录取通知书为例

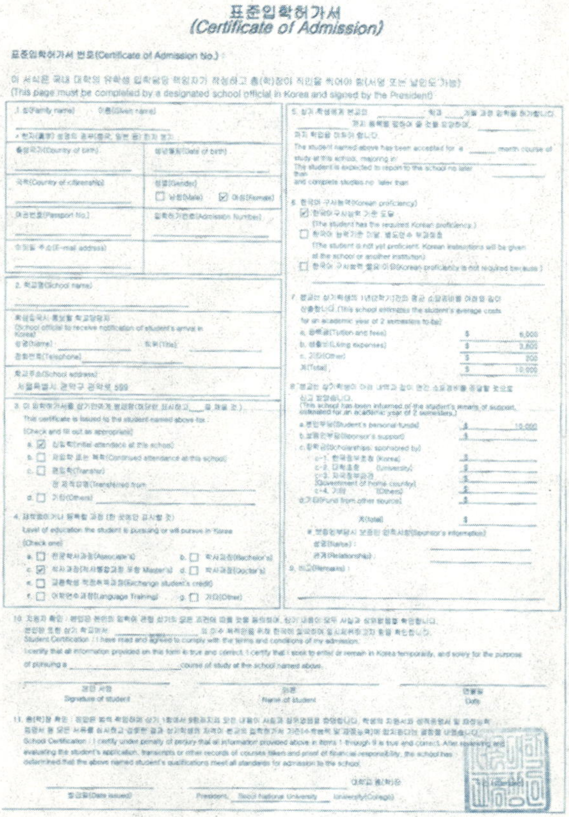
표준입학허가서
(Certificate of Admission)

Certificate of Admission No.

(This page must be completed by a designated school official in Korea and signed by the President)

有条件录取通知书

有条件录取通知书针对即将毕业但最后尚未拿到录取通知书的学生。这类学生一般可以提前向心仪的大学提出申请。在其资料和成绩符合所申请大学的录取要求时，院校签发的一种附有条件的正式录取通知书。收到有条件录取通知书后，应仔细阅读录取通知书的内容，留心其中列出的尚未满足完全录取的各项条件，如：毕业证书、完整的成绩单、学位认证书、TOPIK 成绩等。申请学生在备齐资料并缴纳学费后，可收到正式确认信。

填写校方提供的入学申请表时应注意：本人的姓名应与护照上的姓名保持一致。

部分留学生在韩语不过关时，也会收到有条件录取通知书。这种有条件录取通知书一般发放给材料通过审核，但韩语能力未达要求的留学生。这类留学生多会收到申请大学寄出的附属语言学校录取通知书，留学生在 TOPIK 考试中达到了学校入学标准后，即可获得正式录取通知书。

需要注意的是，当申请者因急事、生病、需提高韩语水平等状况不能及时入学时，就要先了解录取学院是否允许延期入学。根据各校规定不同，允许延期的入学时间在 1~4 周不等。要是超过了学校规定的迟到入学期限，则需要联系学校。如录取学院允许学生延期入学，则应向负责人说明理由，正式向学院提出申请，缴纳保证金后，则可以保留学籍。

申请语言学校

近年来,由于赴韩留学人次的增多,导致留学生的韩语水平不一,部分留学生虽然通过了审核,但在语言方面,尤其是口语和听力仍不过关,不能进行正常的学习生活,因此需要增强韩语能力。少部分留学生会因语言不合格而收到语言学校录取通知书,被学校要求进行韩语培训课程。这时就要考虑先进入所申请大学的附属语言学校，通过进行突击课程来提高语言能力。熟练掌握韩语交流能力,对在韩国大学的就读也是很有帮助的。

选择语言学校时,可先询问是否能试听。因为教师的质量是学习的关键,留学生可在试听过程中衡量、比较,最后做出选择。

就读语言学校的优点

- 全韩语的学习环境使留学生能以最快的速度融入韩国社会。
- 语言学校中多是各非韩语国家的留学生，相互交流有助于口语和听力的提高。
- 语言学校的全韩语授课,给留学生奠定了基础,使其能更好适应大学中的学习。

由于需求量大，韩国的语言学校也鳞次栉比，层出不穷,但这些数以百计的语言中心水平不一,良莠不齐。有些私立语言培训学校的班级规模偏大、师资水平较低、学生实际应用韩语的环境并不理想,甚至还出现了语言学校倒闭,学生求告无门的现象。

因此建议留学生如要申请在语言学校进修，最好直接申请韩国大学或学院内特设的语言中心。这是因为：

- 这类语言中心附属于大学，较为正规。

- 这类语言中心一般就设在大学主校内或主校区附近，可以间接体验就读韩国大学的生活及学习氛围，为今后继续深造奠定了基础。

韩国的语言学校每年设有 4 个学期，上课时间为周一 ~ 周五早上 9 点 ~ 下午 1 点。按能力程度分为 1~6 个等级，每个等级有若干班级，每个班级的学生人数一般是 10 人。入学前，要对留学生进行笔试、口试，根据得出的成绩来安排班级。一般来说，学时在一年半到两年左右，每学期的费用在 100 万韩元以上。

此外，很多韩国大学会在校内直接设置附属语言学校。留学生就读之后，可不再参加 TOPIK 考试，只要其通过校内测试就能得到认可，从而获得正式就读的资格。而就读语言非直升班的留学生，则在课程结束后需参加 TOPIK 考试，取得合格的成绩才可就读正式课程。因此，尽管语言直升班名额有限，但大部分语言不过关或被学校强制重修语言的留学生都会尽量选择入内就读。

语言直升班

- 部分语言直升班除需要申请者提供TOPIK总成绩，还要求申请者提供单科写作成绩来决定进修时间的长短，其时限在10~20周内。
- 语言直升班提高学生韩语水平外，还可同步学习专业课程基础知识。
- 就读语言直升班并不意味着百分百成为了心仪大学的正式学生，还需通过校内考试达到相当于TOPIK4级的水平才能顺利结业，否则必须继续进修。

除了韩国的大学每年会更新排名外，韩国语言学校每年也会更新排名，便于留学生选择。这类语言学校得到了韩国官方的认可，并被直接纳入各大学承认的语言课程之列。留学生在没有达到语言要求的情况下，也可直接选择这类学校进行韩语方面的进修。

以下列出2013年韩语语言学校前10名，仅供参考：

学校名称
高丽大学语言学院
外国语大学语言学院
檀国大学语言学院
延世大学语言学院
东国大学语言学院
曝园大学语言学院
成均馆大学语言学院
梨花女子大学语言学院
建国大学语言学院
中央大学语言学院
弘益大学语言学院

大部分语言学校开设普通韩语班和TOPIK强化班两种课程班，留学生可先选择在普通韩语班就读短期课程，再进入TOPIK强化班就读，这样可充分适应韩语的教学环境。

建议赴韩留学的学生在制订留学计划之时，就应该提前针对自己的韩语程度做一个评估，然后根据所选专业的开课时间来安排是否申请进入语言学校进修，这样自由度比较大，也可选择性价比较高的语言学院就读。

申请语言学校的条件

- 申请就读语言课程的留学生，必须持有高中毕业证书。
- 申请人的年龄必须在25岁以下，持有大学毕业证书者，年龄应在27岁以下。
- 应提交学习韩语课程的目的。如：为了就读韩国大学，或为了职业需要。
- 父母无非法滞留韩国的经历。
- 有足够的资金支付在韩学习的学费和生活费。

3，非大学直属的语言学校一般任何时间都可申请，但留学生还应计划好自己的入学时间，提前一到两个月进行申请。

申请语言学校的材料

- 可从所申请语言学校的官方网站上下载申请书。
- 两份贴上个人照片的个人简历。简历上应写明自己和父母的出生年月日，以及简单信息。
- 学业计划书。
- 护照复印件。
- 个人身份证明和父母身份证明。

- 最终学历证明。
- 财产担保证明。
- 如有担保人，则须提交担保人证明书。
- 缴纳材料接收费。

即使在欲申请大学的语言学校毕业，也不能保证一定可以进入大学，还需要留学生付出努力，以为申请就读了语言课程就可以高枕无忧，真是"高兴得太早了"。

申请语言学校的步骤

- 首先应对自己的韩语水平做一个评估，了解自己是否需要就读语言学校。
- 了解自己所选专业的基本情况，以便评估是否应赴申请大学附属语言学校进修语言。
- 向韩国驻华大使馆学生处写信，介绍自己的个人情况(姓名、年龄、职业、学历等)，并说明自己的申请理由及学习计划。
- 将信与个人材料（如TOPIK成绩及毕业证书）一起寄出，需附有一个写好自己通信地址和姓名的信封，并贴足邮票。
- 收到申请者的来信后，韩国使馆则寄出学生调查表。
- 详细填写学生调查表后，将其连同申请签证费一并寄交。如使馆经评估认可了申请者的资质，将复信给予肯定答复。
- 选择适宜的语言学校，询问所需申请材料、学费、开学日期等事宜，并索取入学申请表。

- 填写入学申请表，准备好自己的个人材料（部分语言学校需申请者提供 IELTS 成绩及最高学历证书）。

- 在韩国移民局认可银行购买一张足够支付学费、生活费、报名费及医疗保险费的银行汇票，随入学申请表、个人材料一起寄出。

- 学校收到后，将按申请表上的姓名及地址寄来录取通知书、收据等证明。

- 核对入学通知书上的汉语拼音的姓名是否准确，如果有误，与学校联系请其重发 1 份，并在新的入学通知上写上正确的中文姓名拼音和详细地址。

- 持学校录取通知书、学费收据、学位确认书向当地公安机关申领出国护照和赴韩留学的出境登记卡。

综上所述，语言关是出国留学的关键所在，不要排斥语言课，不要认为入学后就没必要进修语言，一方面如果留学生语言不过关，校方会强制其进修；另一方面，即使取得了 TOPIK4 级以上的成绩，却还是会出现听不懂别人说什么的现象。因此，确定是否要先选择语言学校是迈向成功留学的第一步。

进修语言的注意事项

- 尽量选择韩国各大学直接开办的语言培训中心学习韩语。
- 在参加其他语言学校或预科学校培训的同时，积极准备 TOPIK 考试，以 TOPIK 成绩作为衡量自身韩语水平的客观标准。
- 参加语言学校或预科学校韩语培训时，要注意记录自己的平时成绩，遇到校方强制留校续读时，要据理力争，维护自己的正当权益。

韩国大学本科和研究生录取要求的韩语能力一般为在 TOPIK 考试中达到 4 级水平，部分特殊专业要求达到 5 级水平。若留学生在申请韩国大学时已经获得了 TOPIK4 级以上的考试证书，则无须再读韩国语言学校。

资金准备

留学生在顺利获取录取通知书后，就要为签证做准备，首先要做的就是准备好留学资金。韩国政府规定：学生赴韩自费留学需提供学习期间在韩的学习、生活、消费等活动的一切费用的资金证明。这是用来证明留学生在韩国留学期间无需工作即可缴纳留学韩国的一切费用。

韩国的学习费用一般为 12000~30000 人民币 / 每年，生活费用则须看留学生在哪个城市生活。若是在首尔地区，则生活费约为 3000 人民币 / 月，首尔地区外的生活费

中国海关允许携带的现金额度不能超过 5000 美元或等值其他外币。

约为 2000 人民币 / 月。韩国大学每年约有 8~9 个月的学习时间，因此留学韩国的费用主要为：

（学习费用 ＋ 生活费用）× 就读年限 ＝ 留学韩国费用

赴韩留学费用一览(便于换算，用美元计算)

类别	系列类别		费用
国立大学学费	人文社会系列	本科	2000~2300
		研究生	2500~2700
	理工系列	本科	2500~2800
		研究生	3000~3300
	艺术系列	本科	2800~3000
		研究生	3500~3800
	医学系列	本科	4300~4400
		研究生	4000~5100
私立大学学费	人文社会系列	本科	3000~3500
		研究生	3800~4000
	理工系列	本科	4000~5000
		研究生	5000~6000
	艺术系列	本科	4000~5000
		研究生	5000~6000
	医学系列	本科	5000~6000
		研究生	6500~7000
报名申请费	50~150		
韩国语言进修费	1000~1400(10 周)，800(3 周)		
宿舍费	4 人室约 300~800(1 学期) 2 人室约 600~1000(1 学期) (价格因是否包餐而有波动)		
餐费	300(每月)		
带厨房的房间月租金	300(每月)		
供餐的房间月租金	300~500(每月)		
医疗保险费	20(每月)		
交通费	40(每月)		
网络使用费	30(每月)		

韩国移民局要求留学生申办签证时提供的总费用一般为 10 万元人民币。申请自费留学者必须自行设法支付。留学韩国的资金来源主要有 3 种形式:个人存款、经济担保、留学贷款。

个人存款

留学生可提供个人或家庭的存款单证明自己可以支付在韩国的各种费用,意味着其有足够财力,使其不必打工也能完成学业。存款需存入韩国移民局认可的银行之内,申请者需至银行办理《存款证明申请书》,存款要冻结 1 年以上才可以作为申请担保金。例如申请者在 2013 年 5 月 30 日提交签证申请, 那么这笔资金就应该至少在 2012 年 5 月 30 日前存入并冻结。如果存期时间过短,就很可能被拒签, 那么补充额外的来源证明也不能起到任何的作用。

国家外汇政策规定:留学生每人每年生活费的供汇指导性限额为等值 2 万美元或等量货币;不能提供生活费证明材料的,需换汇在等值 2 万美元或等量货币以上的,应经外汇局批准后到外汇指定银行办理,即先批汇再换汇。

中国各大银行办理存款证明的方式

中国银行

开具方法:

可持本人有效身份证件、存单(折)到任意联网网点办理。委托他人代办存款证明,受委托人须出示本人和存款人有效身份证件。

收费标准:

每张存款证明收取手续费人民币 20 元。

有限期限:

期限相对灵活,可由客户自行订期。开具存款证明后,银行将对该项存款做冻结处理,冻结时间与存款证明书的有效期相同。

存款种类:

只能是定期。

其他说明:

客户要求撤销三个月内不得支取的限制时,应交回存款证明原件后,银行方可为您撤销开证后三个月内不得支取的限制。

第一次换汇必须由留学生本人亲自办理,可以换汇的课程时长不应超过1年零3个月,超过此时限的,须分次换汇。

中国工商银行

开具方法:

凭本人身份证件和工商银行未被冻结挂失的存款凭证(包括定期储蓄存单(折)、活期储蓄存折、凭证式国债)。委托他人代办的,应同时出示代办人的身份证件。

收费标准:

开具个人存款证明书,每份收费20元;提前解除止付个人存款,每份收费20元。

有限期限:

期限相对灵活,可由客户自行订期。开具存款证明后,银行将对该项存款做冻结处理,冻结时间与存款证明书的有效期相同。

存款种类:

工商银行的存款种类较为灵活,可存活期、定期或整存整取、存本取息。

其他说明:

存款证明到期,个人存款自动解除支付。如要求提前解除支付,必须交回存款证明、存款证明委托书原件,同时出示原存款凭证、个人身份证件并填写个人存款提前解除支付委托书。

中国农业银行

开具方法:

凭本人有效身份证明、存单、存折、银行卡、国债凭证,到任何一家农行办理该业务的网点,填写"中国农业银行存款证明申请书"。如本人因故无法前来,也可授权他人代为办理此项业务。代理人除携带以上规定的文件外,还应持授权人的授权书和代理人本人的有效身份证明。

收费标准:

每张存款证明收取手续费人民币 20 元。

有限期限:

银行开具存款证明书的日期为客户办理此项业务的日期,申请开立存款证明书所涉及的存款的止付截止日期由申请人决定,并由申请人在申请书上注明,如填写的日期为当日,则截止日为开证当日。

存款种类:

农业银行的存款种类较为灵活,可存活期、定期或整存整取、存本取息。

其他说明:

客户在存款证明书止付期未到前要提取存款,必须先将存款证明书所有正本交回银行,办理撤销存款证明书手续。

中国建设银行

开具方法：

凭有效身份证明原件及其在建设银行的储蓄存款凭证(包括存单、折、卡)原件等有关资料申请。个人存款证明可由申请人以外的其他人(以下称代理人)代为办理和领取。代理人代为办理个人存款证明或领取存款证明书时，须出具申请人及代理人的有效身份证件原件。

收费标准：

按手续费科目核算，每张存款证明书应缴纳 20 元手续费。存款未超过 10 万元,可当天拿到存款证明书；存款金额超过 10 万元,则在两个工作日后,持“个人存款证明申请书”第二联领取个人存款证明书。

有限期限：

在存款证明证明的存款起止日期内,与存款证明相对应的定期存款不得提前支取（您在存款证明证明的存款起止日期内退回存款证明原件除外）

存款种类：

活、定期皆可。

中国招商银行

开具方法：

凭有效身份证明原件及其在招商银行的储蓄存款凭证等有关资料申请到银行申请。若须代办,则代理人须出具申请人及代理人的有效身份证件原件，填写“招商银行开具存款证明申请书”进行办理。

收费标准:

每张存款证明书须缴纳 20 元手续费。

有限期限:

可由客户自行订期。

存款种类:

活、定期皆可,并可对招商银行认可的各种存款开具存款证明书。

经济担保人

如申请者自己资金不足,可由经济担保人出面,提供足够的资金,作为申请者的资金担保。经济担保人可提供经济担保书,说明其具有固定且充足的经济收入,并自愿承担留学生的一切留学费用,如学费、生活费、住宿费等等。经济担保书一般为英文版本或韩文版本,其正本提供给大使馆审核,如申请学校需要留学生出示,则只需寄送复印件即可。申请经济担保人,有几点需要注意:

- 经济担保人需通过书面证明来说明与留学生的关系。
- 经济担保人须提供自己的个人资料,如姓名、地址、电话、工作单位、单位业务、个人收入等材料。
- 经济担保人提供的个人材料必须能证明其有能力支付赴韩资金的总额,如其提供的信息无法合理解释获得担保金的来源,则可能被拒签。

第二次换汇可由家人代为办理,须提供上一学期的缴费收据或所在学校开出的书面证明信、学生所在学校开出的在读证明和下学期的入学通知书(包含费用项)及以上材料的翻译件。

- 如校方有硬性规定，则可按校方要求，直接把留学生所需的学费、住宿费等以汇款的方式寄到学校，由学校发送回执。担保人持回执到律师事务所办理经济担保公证手续，公证书应当包括经济担保人与被担保人的关系。

- 经济担保人所提供的资金也必须为韩国移民局认可的金融机构内存期达6个月以上的资金。

- 在签证面试时，签证官会电询经济担保人，核实其个人情况与书面材料提供的信息是否一致。

要注意的是经济担保不可做假，否则一旦被识破，可能终身拒签。

留学贷款

留学贷款是银行向留学生或其直系亲属发放的，用于支付在国外学习的学杂费和生活费的外汇消费贷款。留学贷款可以个人名义申请，也可以担保人的名义申请，其额度不能超过录取通知书或其他有效入学证明上标明的报名费、1 年学费、生活费及其他必要费用的等值人民币的总和，最高不能超过 50 万人民币，最长年限不可超过 6 年（含 6 年）。

留学贷款的抵押形式

房产抵押

如用房产作为抵押物的话，银行会根据申请者提供的房地产资料及具体情况，依当前市价做出评估。如申请者提供的房产价格等于或大于贷款的金额的话，即可办理留学贷款。反之如房产价格小于贷款金额，则不可办理。如单栋房屋的价格小于贷款金额，可用 2 套或多套房产进行评估、贷款。

质 押

指在办理贷款的时候用动产（如国债、存单等）进行抵押，银行同样会根据申请者提供的物品、存单情况进行核实，如确实符合贷款价值，则批准申请者的贷款要求。

信用担保

以第三方提供连带责任保证的，若保证人为银行认可的法人，可全额发放；若是银行认可的自然人，贷款最高额不超过 20 万元人民币。借款人到银行指定的分支机构领到申请审批表（一式 2 份），并按申请表要求如实填写，经签字盖章后交给银行。

个人申请贷款所需材料

- 申请者及配偶的身份证、结婚证、户口簿或有权机构出具的有效居留证件原件及复印件。
- 申请大学所出具的入学通知书、接受证明信、其他有效入学证明资料及缴纳相关费用证明，同时提供本人学历证明资料。
- 已办申请学校所在国入境签证手续的中华人民共和国护照。
- 提供具有安全民事行为能力的中国公民作为借款人的国内代理人，并提供其国内代理人的身份证，有关居住证明及通讯地址。
- 以财产抵押或质押的，应提供抵押物权属证明或质押物正本，单据和有权处分人（包括财产共有人同意抵押或质的证明，必要时应提供有权部门出具的抵（质）押物估价证明。

他人担保贷款所需材料

- 若担保人为法人，应出具保证人同意担保的书面文件（担保人为法人的分支机构的，应同时出具法人授权担保文件）。
- 担保人若为企业主，则需提供企业法人营业执照、经审计的上年度和近期财务报表及有关资信证明材料。

贷款的还付及利息（以中信实业银行为例）

等额偿还，即在贷款期限内每期的还本付息总额为固定金额。

本金等额偿还，即每期偿还的本金金额相同，利息为按当期贷款余额计算的利息。

● 如担保人为自然人，应提供保证人的身份证、户口簿、收入或财产证明及其他资信证明。

申请贷款者若为出国留学人员的直系亲属或配偶的，所提供的材料除上述几项外，还要提供能证明申请贷款者与出国留学人员之间的有效证件原件和复印件。银行收到借款人上述申请材料后，在 7 个工作日内做出答复。

申请贷款注意要点

● 若申请贷款者为出国留学人员本人，签订贷款合同时应有其国内代理人在场并同时在借款合同上签字盖章。

● 若以担保人担保方式贷款，作为担保人的法定代表人或经有效授权的代理人必须到场，并在保证合同上签字盖章。

● 若以自然人保证方式贷款的，保证人必须到场，并在保证合同上签字盖章。

● 借款合同及担保合同必须办理具有强制执行效力的公证，申请贷款者与其国内代理人之间的《委托代理协议书》应与上述合同同时签署并公证。

● 抵押物、质物的评估、保险、登记及公证等费用由申请贷款者承担。

合同签定后，留学贷款由银行直接划入借款人在本银行处开立的储蓄卡或活期储蓄帐户。借款人应按贷款合同

等比递增偿还，即每年的还本付息额在上一年的还本付息额的基础上增长一定的比例。

等比递减偿还，即每年的还本付息额在上一年的还本付息额的基础上减少一定的比例。

的约定于贷款到期前将应归还的贷款本息存入储蓄卡或活期储蓄帐户。在贷款本息全部得到清偿后，银行将一切凭证归还抵押人或出质人，并办理有关抵(质)押登记注销手续。

护照办理

进入另一个国家学习，也就是融入到该国家的生活中去，必须持有证明其合法身份的证件。因而，当收到录入通知书后，首先就要准备护照。我国政府所签发的护照，除证明申请者是中华人民共和国的公民之外，同时表明其出国后可以重新回到中国。要申请护照，必须准备户口本、身份证、免冠证件照等材料。由于申办护照需要一定时间，因此及早准备为好，申办护照一般需到本人户口所在地的护照办理部门申请办理。

已经拥有护照的学生，则需要检查护照的有效期限。如果护照即将到期，就需要尽快申请更换。如在留学期间遇到护照即将到期的情况，则可以在提前一年时间申请更换新护照。由于在异地申请更换护照的手续较为麻烦，因此最好在国内办理。

申请护照的程序

- 申请人凭本人身份证或户口簿到县、市(区)公安局(分局) 出入境管理部门领取《中国公民因私出国(境)申请审批表》。
- 填写申请表。
- 在出入境管理局统一照相,并进行相貌扫描入档。
- 向户口所在地县、市(区)公安出入境管理部门提交填写完整并贴有本人照片的《申请表》及两张免冠证件照片。
- 交验居民身份证、户口簿或其他户籍证明。
- 提交与出国事由相应的证明及单位或公安派出所(分局)对出国申请出具的意见。
- 进行指纹扫描入档
- 从受理之日起,公安机关将在 15 个工作日内完成审批签发。

办理签证

申请赴韩国留学的学生获得了韩国大学的录取确认书、确定了开学日期、缴纳了学费、办理了护照、并备齐了一系列材料之后,就可以赴韩国驻华大使馆申请留学签证。

韩国政府发放的签证有不同种类,主要为旅游、商务、短期停留等,留学生一般多申请 3 种签证,即:

要注意的是,在申请签证时,如果填写、提供虚假信息或误导性信息,申请将被拒绝。

C-3 短期停留签证(90 天)
D-4 一般研修签证(1 年)
D-2 正规课程留学签证(2 年)

C-3 签证

C-3 签证是短期停留签证，在韩国内停留时间为 90 天以内，即期限为三个月。该签证主要针对参加友谊赛、各种活动或会议，以及一般研修、亲戚访问等短期赴韩人员。留学生若申请短期赴韩突击韩语，可申请该类签证。

收到签证之后，首先需要关注的就是签证的有效期，这意味着留学生有权在此之前以合法身份居留韩国。

申请所需材料

- 签证申请表 2 张。
- 2 张 2 寸个人照片。
- 个人护照。
- 身份证原件及复印件。
- 户口本原件及复印件。
- 1 张包括班主任在内的班级集体照。
- 标准入学许可书。
- 学费缴纳凭证。
- 最终学历证明或在学证明。
- 学习计划书或一般学习证明材料。
- 经济证明文件。
- 存期在 3 个月以上，存款在人民币 10 万元以上的存款证明。

D-4签证

D-4签证主要针对获得了有条件录取通知书即申请大学附属语言学校录取通知书的留学生。这类留学生持有具备留学资格的教育机构或学术研究机构所授予的入学许可证书。申请该类签证的留学生应提前获得法务部(出入国管理事务所)的“签证发给认证书”后再到韩国驻华大使馆申请签证。

申请所需材料

- 签证申请表2张。
- 2张2寸个人照片。
- 个人护照。
- 身份证原件及复印件。
- 户口本原件及复印件。
- 申请者父母的身份证复印件。
- 申请者父母的户口本复印件。
- 房产证明。
- 签证颁发申请书或签证颁发认证申请书。
- 标准入学许可书。
- 学费缴纳证明。
- 最终学历证明或在学证明。
- 学习计划书或一般学习证明材料。

签证申请被批准后,应在有效期内抵达韩国。请注意:学生签证不能自动延期,如果申请者不能在有效期内抵达韩国,则必须提交一份新的申请。

- 若申请者具有韩国语水平考试及其他外语证明，最好提交。
- 财政证明材料，即1万美元或8万人民币以上的存款证明。
- 不能提供财政证明的申请者，须提交身份保证书。

D-2签证

D-2签证是留学签证，主要针对在韩国进行90天以上专业课程申请，或获得韩国教育部认可的专科大学、本科大学、研究生院等正规院校入学许可证书的学生。申请该类签证的留学生应提前获得法务部（出入国管理事务所）的“签证发给认证书”后再到韩国驻华大使馆申请签证。

如被拒签，也要保持风度，不要在签证中心或大使馆大吵大闹，而是要了解自己究竟因为什么被拒签，是否可以弥补。然后以更充分的准备继续申请签证。

- 签证申请表2张。
- 2张2寸个人照片。
- 个人护照。
- 身份证原件及复印件。
- 户口本原件及复印件。
- 申请者父母的身份证复印件。
- 申请者父母的户口本复印件。
- 房产证明。
- 签证颁发申请书或签证颁发认证申请书。
- 标准入学许可书。

- 学费缴纳证明。
- 最终学历证明或在学证明。
- 学习计划书或一般学习证明材料。
- 从小学到高中的教育成绩证明。
- 最终学校校长或班主任的推荐信（包含学校电话号码、推荐者姓名及联络方式。）
- 韩国语水平考试及其他外语证明。
- 财政证明材料，即１万美元或８万人民币以上的存款证明。
- 父母经济证明及公司就职证明。
- 不能提供财政证明的申请者，须提交身份保证书。

每名学生的家庭情况都是不同的，填写签证表格及准备材料时，不应模仿别人的签证材料递交。若盲目模仿，则被调查的风险也随即增高，甚至可能被拒签。

韩国签证申请表

签证发给申请表 APPLICATION FOR VISA

※ 韩国法务部签证发给认定号码 (CONFIRMATION OF VISA ISSUANCE No :)

照片 PHOTO 3.5cm×4.5cm	1. 姓 （英文） Surname	3. 中文姓名	4. 性别Gender 男[ ] 女[ ]
	2. 名 （英文） Given Names	5. 出生日期 Date of Birth	
	6. 国籍 Nationality	7. 出生地点 Country of Birth	
	8. 现住所 Home Address		
	9. 电话号码 Phone No.	10. 手机号码 Mobile Phone No.	
	11. 邮件 E-mail	12. 身份证号码 National Identity No.	

护照 Passport	13. 护照号码 Passport No.	14. 护照种类 Classification	外交(DP)，公务(OF)，公务普通(OF)， 因私(OR)，其他(OTHERS)
	15. 签发地点 Place of Issue	16. 签发日期 Date of Issue	17. 有效期至 Date Of Expiry

职业 Occupation	18. 职业 Occupation	19. 单位电话号码 Business Phone No.
	20. 单位名称及地址 Name and Address of Present Employer	

结婚与否 Marital status	21. [ ]已婚 married [ ]丧偶 widowed [ ]未婚 single [ ]离婚 divorced	
	22. 配偶姓名 Spouse's Name	23. 配偶出生日期 Spouse's Date of Birth
	24. 配偶国籍 Spouse's Nationality	25. 配偶电话号码 Spouse's Phone No.

26. 访韩目的 Purpose of Entry	27. 预定停留时间 Potential Length of Stay
28. 访韩预定日 Potential Date of Entry	29. 访韩经历 □ 有（ 次） □ 无 Previous Visit (If Any)
30. 韩国联系地址 Address in Korea	31. 韩国联系电话 Phone No. in Korea
32. 访韩费用支付者 Who Will Pay For The Expense For Your Stay?	
33. 最近五年内访问过的国家 Countries You Have Travelled During The Past 5 Years	

※ Please note that C-series visa holders are not able to change their residential status after entry into Republic of Korea pursuant to the first clause of article 9 of Immigration Regulation

34. 同行家属 Accompanying Family	关系 Relationship	国籍 Nationality	姓名 Name	出生日期 Date of bitrh	性别 Gender
35. 韩国内联系人 Guarantor or Reference in Korea	关系 Relationship	国籍 Nationality	姓名 Name	出生日期 Date of bitrh	性别 Gender

根据本人所知及所信，我声明以上内容均真实准确，我会严格遵守韩国的出入境管理法律法规，并保证入境后不参加任何与访韩目的无关的活动。此外，我认可以上内容填写不实或误导性陈述所导致的拒签结果，且接受若本人为禁止入境者，即使持有韩国签证也无权入境

申请日 DATE OF APPLICATION　　　　申请人署名 SIGNATURE OF APPLICANT

공용란 FOR OFFICIAL USE ONLY

기본사항	체류자격		체류기간		사증종류	단수・복수(2회, 3회 이상)
접수사항	접수일자		접수번호		처리과	
허가사항	허가일자		허가번호		고지사항	
결 재	담당자		가 · 부	(심사의견)		

印花税票粘贴处
수입인지 부착란

韩国出入境管理局指定留学体检处

北京出入境检验检疫局	
地址	北京经济技术开发区荣华中路16号
邮编	100176
传真	010-67881991
电话	010-67881991

天津出入境检验检疫局	
地址	天津市河西区浦口道33号
邮编	300201
传真	022-66298452
电话	022-66298451

河北出入境检验检疫局	
地址	石家庄市友谊北大街翔翼路2号
邮编	050071
传真	0311-7756554
电话	0311-7781754

山西出入境检验检疫局	
地址	太原市漪分街20号
邮编	030024
传真	0351-6161349
电话	0351-6161712

内蒙古出入境检验检疫局	
地址	呼和浩特市新城区昭乌达路466号
邮编	010010
传真	0471-4342163
电话	0471-4340792

辽宁出入境检验检疫局	
地址	大连市中山区人民路81号
邮编	116001
传真	0411-2823694
电话	0411-2593745

吉林出入境检验检疫局	
地址	长春市普阳街45号
邮编	130062
传真	0431-7671927
电话	0431-7671927

黑龙江出入境检验检疫局	
地址	哈尔滨市南岗区中山路 203号
邮编	150001
传真	0451-2337584
电话	0451-2337581

上海出入境检验检疫局	
地址	上海市浦东新区民生路1208号
邮编	200135
传真	021-68561587
电话	021-68561235

江苏出入境检验检疫局	
地址	南京市白下路1号
邮编	210001
传真	025-4406797
电话	025-4406797

浙江出入境检验检疫局	
地址	浙江省杭州市西湖区文三路2号
邮编	310016
传真	0571-81100118
电话	0571-81100111

宁波出入境检验检疫局	
地址	宁波市柳汀街144号
邮编	315012
传真	0574-87136970
电话	0574-87147796

安徽出入境检验检疫局	
地址	合肥市芜湖路367号
邮编	230061
传真	0551-2875452
电话	0551-2874214

福建出入境检验检疫局	
地址	福州市东街131号
邮编	350001
传真	0591-7065702
电话	0591-7065701

厦门出入境检验检疫局	
地址	厦门市东渡路116号
邮编	361012
传真	0592-5622716
电话	0592-5622723

江西出入境检验检疫局	
地址	南昌市洪都中大道145号
邮编	330002
传真	0791-8301523
电话	0791-8301524

山东出入境检验检疫局	
地址	青岛市瞿塘峡路70号
邮编	266002
传真	0532-0672764
电话	0532-2671546

河南出入境检验检疫局	
地址	郑州市机场路69号
邮编	430003
传真	0371-5997350
电话	0371-5995859

湖北出入境检验检疫局	
地址	武汉市汉口万松园路 3 号
邮编	430022
传真	027-85791590
电话	027-85795625

湖南出入境检验检疫局	
地址	长沙市雨花区赤黄路 48 号
邮编	410007
传真	0731-5385141
电话	0731-5885136

广东出入境检验检疫局	
地址	广州市珠江新城花城大厦 66 号
邮编	510623
传真	020-38290146
电话	020-38290122

深圳出入境检验检疫局	
地址	深圳市福田区福强路 1011 号检验检疫大厦
邮编	518045
传真	0755-83758816
电话	0755-83396547

珠海出入境检验检疫局	
地址	珠海市九洲大道东段检验检疫大厦
邮编	519015
传真	0756-3332932
电话	0756-3332932

海南出入境检验检疫局	
地址	海口市海秀西路 165 号
邮编	570311
传真	0898-6866073
电话	0898-68660737

广西出入境检验检疫局	
地址	南宁市埌东开发区滨湖路检验检疫大楼
邮编	530028
传真	0771-5515012
电话	0771-5515015

重庆出入境检验检疫局	
地址	重庆市江北区杨河一村 76 号
邮编	400020
传真	023-67720355
电话	023-67720355

四川出入境检验检疫局	
地址	成都市武侯区一环路南四段 28 号
邮编	610041
传真	028-85559819
电话	028-85559819

贵州出入境检验检疫局	
地址	贵阳市北京路 2 号
邮编	550004
传真	0861-6764184
电话	0861-6767389

云南出入境检验检疫局	
地址	昆明市滇池路卢家地
邮编	650228
传真	0871-4571436
电话	0871-4611550

西藏出入境检验检疫局	
地址	拉萨市洛定南路
邮编	850002
传真	0891-6836418
电话	0891-6832723

陕西出入境检验检疫局	
地址	西安市含光路北段 10 号
邮编	710068
传真	029-5365715
电话	029-5365715

甘肃出入境检验检疫局	
地址	兰州市城关区嘉峪关东路 387 号
邮编	730020
传真	0931-8668034
电话	0931-8666526

青海出入境检验检疫局	
地址	西宁市礼让街 23 号
邮编	810000
传真	0971-8247496
电话	0971-8231572

宁夏出入境检验检疫局	
地址	银川市利民街 37 号
邮编	750001
传真	0951-5015976
电话	0951-5015396-9101

新疆出入境检验检疫局	
地址	乌鲁木齐市南湖路 76 号
邮编	830063
传真	099-4640050
电话	099-4643943

出境手续办理地址

北京市公安局出入境管理处

地址

东城区安定门东大街 2 号

电话

010–8402010

人工咨询时间

星期一~星期六(法定节假日除外)

上午 9:00~中午 12:00;下午 13:00~下午 17:30

网址

www.bjgaj.gov.cn

上海市公安局出入境管理处

地址

浦东新区民生路 1500 号

电话

021–28951900

人工咨询时间

星期一~星期六(法定节假日除外)

上午 9:00~下午 17:30

网址

http://www.police.sh.cn/

韩国驻华大使馆

地址

北京市朝阳区东方东路 20 号

电话

010-85310700

传真

010-85310726

官方网站

http://chn.mofat.go.kr/worldlanguage/asia/chn/main/index.jsp

人工咨询时间

星期一~星期五(法定节假日除外)

9:00~11:00,13:30~17:00

韩国驻华总领事馆

地址

北京市朝阳区亮马桥北小街 7 号

电话

010-85320404

传真

010-65323891

电子邮件

chinaconsul@mofa.go.kr

人工咨询时间

星期一~星期五(法定节假日除外)

9:30~18:00

韩国驻上海总领事馆

地址

上海市长宁区万山路 6 号

电话

021–62955000

传真

021–62955191

电子邮件

shanghai@mofa.go.kr

人工咨询时间

星期一~星期五(法定节假日除外)

9:00~17:00

韩国驻青岛总领事馆

地址

青岛市崂山区香港东路 101 号

电话

0532–88976001

传真

0532–88976005

电子邮件

qdconsul@mofa.go.kr

人工咨询时间

星期一~星期五(法定节假日除外)

9:00~18:00

韩国驻广州总领事馆

地址

广东省天河区体育东路羊城国际商贸中心西塔 18 楼

电话

020–38870555

传真

020–38870923

电子邮件

guangzhou@mofat.go.kr

人工咨询时间

星期一~星期五(法定节假日除外)

9:00~17:00

韩国驻沈阳总领事馆

地址

辽宁省沈阳市和平区南 13 纬路 37 号

电话

024–23853388

传真

024–23855170

电子邮件

shenyang@mofat.go.kr

人工咨询时间

星期一~星期五(法定节假日除外)

9:00~17:00

韩国驻成都总领事馆

地址

四川省成都市下南大街 2 号天府绿洲大厦 19 层

电话

028-86165800

传真

028-86165789

电子邮件

chengdu@koreanembassy.cn

人工咨询时间

星期一~星期五(法定节假日除外)

9:00~18:00

韩国驻武汉总领事馆

地址

湖北省武汉市江汉区新华路 218 号浦发银行大厦 4 楼

电话

027-85561085

传真

027-85741085

电子邮件

wuhan@mofat.go.kr

人工咨询时间

星期一~星期五(法定节假日除外)

9:00~17:30

韩国驻西安总领事馆

地址

中国陕西省西安市高新技术产业开发区科技路 33 号

电话

029-88351001

传真

029-88351002

电子邮件

xian@mofat.go.kr

人工咨询时间

星期一~星期五(法定节假日除外)

9:00~18:00

韩国驻香港总领事馆

地址

5-6/F, For East Finance Centre, 16 Harcourt Road, Hongkong

电话

00852-25294141

传真

00852-28613699

电子邮件

info@korea.org.hk

人工咨询时间

星期一~星期五(法定节假日除外)

9:00~16:30

购买机票

如果留学生已经拿到了护照、签证，并且确定了启程日期，则应该第一时间预订机票。韩国有相当一部分大学的开学日期十分接近，往往同期内会有大量留学生飞往韩国，因此提前预订机票是十分必要的。

一般情况下，机票是通过正规航空公司或旅行社预订的。但由于航空公司所发售的多为全价机票，价格高昂，而代理公司则往往可以拿到打折的机票，甚至有些能拿到半折的机票，因此现今大部分留学生开始通过代理公司预订机票。但要注意的是，一定要通过正规代理公司、网站进行预订。

买机票时须注意的事项

- 一旦确定自己的启程日期，即马上订票。
- 可直接询问韩国航空公司和中国国际航空公司，请他们推荐代理公司。
- 可上网查询口碑较好的订票网站，不要只看折扣，贪小便宜吃大亏。
- 购买机票时，可以预订座位。
- 应提前3个小时以上到达机场，务必留意登机时间，不要只顾着和家人道别而误了飞机。
- 购买往返机票往往会获得更大的折扣。
- 提前了解机场的交通状况，了解你应乘坐什么交通工具离开机场，到达学校。

● 如晚上到达机场，不如现住一晚，以免人生地不熟，引起不必要的意外。

生活必备用品

在举目无亲，语言不通的异国他乡，尝试一个人生活并不是件简单的事。韩国人的生活习惯与我们不同，那么在当地生活需要带什么东西呢，什么是国内买的到而韩国却难以买到的呢。这些都应该提前了解，做好准备。

信用卡

持有信用卡，就可以不必携带那么多的现金。也可让家人申请主副卡，以备及时查询和汇款。

药品

韩国购买药品是有限制的，许多药品需要医生开具处方才能购买。因此需要从国内带些常用药品备用。

笔记本电脑 无论你是用来写论文、记笔记，还是与家人视频，都会发现笔记本电脑要比台式机方便。(网线、软盘、摄像头和移动硬盘等硬件及电脑中的软件要配齐。)

常用小电器

如变电器、相机、录音笔或复读机（可用于录下课堂上的讲演，以备温习）、电子词典等。

参考书 如英汉词典、英语语法，以及根据自己所学专业挑选相关参考书籍，这类中文参考书籍在韩国不易买到，如果有需要最好从国内带去。

必备文件

护照、录取通知书及其复印件、体检证明、接机人联系方式、机票等。

衣物

贴身内衣、拖鞋、床上用品、洗漱用品、日常换季衣服。

其他

如雨伞、简便厨具、电池、杯子、塑料盒等，依个人情况酌情携带。

需要带的
文件清单

- [ ]
- [ ]
- [ ]
- [ ]
- [ ]
- [ ]
- [ ]
- [ ]
- [ ]
- [ ]
- [ ]
- [ ]
- [ ]
- [ ]
- [ ]
- [ ]
- [ ]
- [ ]
- [ ]
- [ ]
- [ ]
- [ ]
- [ ]
- [ ]
- [ ]
- [ ]
- [ ]
- [ ]

请自行列出所需携带的文件，准备好后在“□”中打“√”

需要带的

常用电器清单

□ □
□ □
□ □
□ □
□ □
□ □
□ □
□ □
□ □
□ □
□ □
□ □
□ □
□ □

请自行列出所需携带的电器，准备好后在“□”中打“√”

需要带的衣物清单

- □
- □
- □
- □
- □
- □
- □
- □
- □
- □
- □
- □
- □
- □
- □
- □
- □
- □
- □
- □
- □
- □
- □
- □
- □
- □
- □
- □

请自行列出所需携带的衣物，准备好后在“□”中打“√”

需要带的

书籍清单

□　　□
□　　□
□　　□
□　　□
□　　□
□　　□
□　　□
□　　□
□　　□
□　　□
□　　□
□　　□
□　　□
□　　□

请自行列出所需携带的书籍，准备好后在“□”中打“√”

需要带的 药品清单

□	□
□	□
□	□
□	□
□	□
□	□
□	□
□	□
□	□
□	□
□	□
□	□
□	□
□	□

请自行列出所需携带的药品，准备好后在“□”中打“√”

需要带的
杂物清单

- □
- □
- □
- □
- □
- □
- □
- □
- □
- □
- □
- □
- □
- □
- □
- □
- □
- □
- □
- □
- □
- □
- □
- □
- □
- □
- □
- □

请自行列出所需携带的杂物，准备好后在“□”中打“√”

2

韩国生活

서울대학교

카이스트(대전충남)
서강대학교(서울) 포항공대(대구경북)
연세대학교(서울) 서울대학교(서울)
고려대학교(서울)

初来乍到

经过一系列的程序，终于可以踏上赴韩国的旅程。但实际上这只是留学生活的开端，未来几年的学习生活才是重中之重。孤身一人来到陌生的国度，如何适应陌生的环境，如何展开新的社交关系，如何登记注册、安排自己的住宿。这些都要留学生一个人面对。该如何去做，怎么才能做好，都是需要留学生去考虑的。

注册登记

凡持中华人民共和国护照，持学生签证的，在韩国学习停留连续时间超过 90 天的赴韩国留学、进修的学生，无论是公派还是自费的，到达韩国的第一件事，均需在韩国各地出入境管理处完成外国人注册手续，进行十个手指的指纹和脸部信息的登录。

在韩国应入境随俗，多说韩语。这样一方面可以锻炼自己的口语能力；另一方面也是对他人的一种尊重。当与韩国人在一起的时候，哪怕只有一个韩国人，也应说韩语。

韩国各地出入境管理处		
各地区	电话	地址
首尔	02-2650-6211	首尔市阳川区新亭 6 洞 319-2
世宗办事处	02-732-6220	首尔市钟铬区三一路 12 号云岘宫 Herb Building2 楼
仁川	032-890-6305-6	仁川市中区港洞 7 街 1-31
仁川国际机场	032-740-7013	仁川市中区云西洞 2172-1
都心国际机场	02-551-6922	首尔市江南区 ASEM 街 53 号
蔚山	051-461-3021	釜山市中区中央洞 4 街 17-26
蔚山办事处	052-279-8000	蔚山市南区梅岩洞 139-16
金海机场	051-979-1322	釜山市江西区机场路 108
大田	042-220-2001	大田市中区牧洞路 150
大邱	053-980-3512	大邱市东区安心路 117
光州	062-381-0312	光州市西区花井路 196
济州	064-723-3494	济州市健入洞 673-8

做完韩国官方入境登录后，留学生还需至中国驻韩国使(领)馆教育处(组)办理报到申报。这一方面是为了加强对留学生的管理，另一方面也是领事馆对学生身份的认证，一旦留学生需要救助，可第一时间获取相关资料，联系留学生家人。

中国驻韩国大使馆网站

中国驻韩国大使馆教育处网站

注册信息

● 登录中国驻韩国大使馆教育处官方网站后，点击“留学人员注册服务系统”。

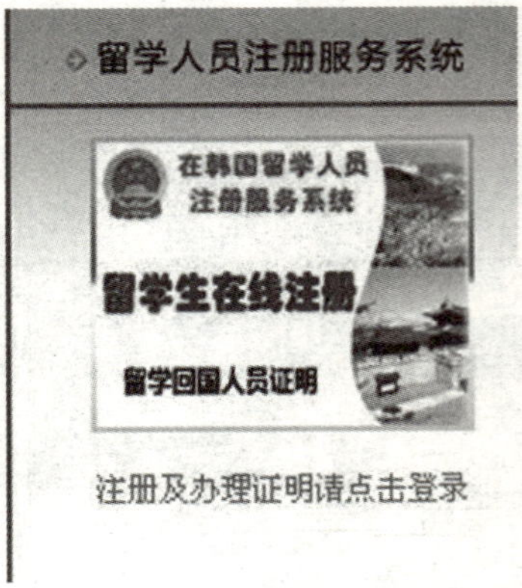

● 若是初次登录的留学生，请在网站上注册自己的个人信息。

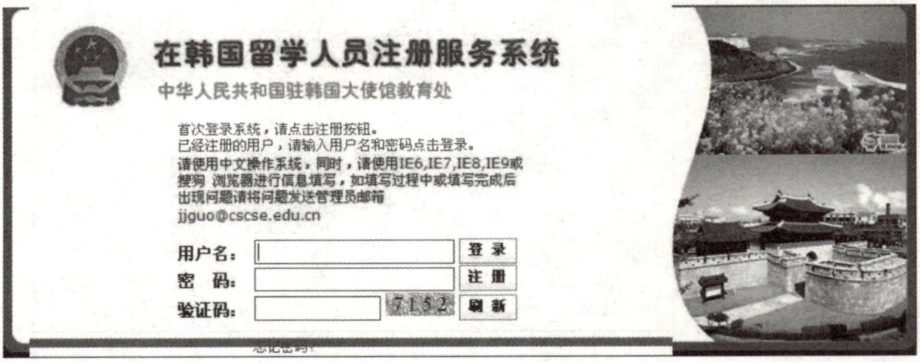

● 输入自己的护照名、邮件地址等个人信息进行注册。

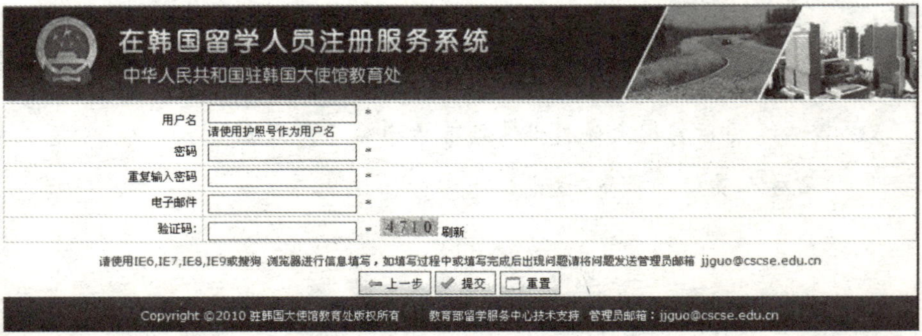

● 填写中国来韩留学人员登记表。

中国来韩留学人员登记表

姓名：张三　性别：◉ 男 ○ 女　出生日期：1999 年 09 月 19 日

民族：汉　学历：硕士　现有职称：

护照号码：G12345678　发照日期：2001 年 6 月 16 日

签发地点：北京

国内工作或学习单位：北京大学

国内通信地址：北京市朝阳区　国内联系电话：010-12345678

留学类别：○ 大专 ○ 本科 ○ 硕士 ◉ 博士 ○ 博士后 ○ 访问学者 ○ 高级研究学者 ○ 其他留学人员

留学院校：庆熙大学　经费来源：◉ 自费 ○ 国费

留学专业：国际学　留学期限：2年

韩国联系电话：010-1234-5678　Email：zhangsan@hotmail.com

密切联系人姓名及电话：李四　010-8765-4321

注册入学时间：2010 年 01 月 01 日　预计离韩时间：2012 年 09 月 09 日

赴韩留学生报道要求

● 凡持有韩国学生签证及在韩国攻读课程达90天以上的留学生，抵韩后应尽快登录留学人员报到登记系统进行报到登记。

- 报到登记信息应确保真实、准确、有效，并由学生本人进行日常的维护和更新（如住址、联系方式等变动时，须使用个人账号和密码登录系统进行更新）。

报到登记的留学人员享有以下权利

- 可参加由各地中国学者学生联谊会组织的活动。

- 在学成回国工作时，可在教育处申办《留学回国人员证明》，用于回国后办理有关学位认证手续、部分城市落户、享受创业就业优惠政策和购买包括免税国产小汽车在内的免税商品等事宜。

中国所属领事馆信息及联系方式

中国驻韩国大使馆

地址

首尔市中区南山洞2街50－7

电话

02－756－7300

传真

02－755－0469

E-mail

consulate_korea@mfa.gov.cn

遇到丢失护照或签证的情况，应先向警察局报案，然后再到大使馆申请补发。申请补发护照和签证需要申请者的2寸照片及护照复印件。

网址

http://www.chinaemb.or.kr/chn/

中国驻韩国大使馆教育处

地址

汉城特别市钟路区，孝子洞 54 番，地紫霞门路 70 号，中华人民共和国驻大韩民国大使馆教育处

电话

02-738-1038

传真

02-738-1044

E-mail

jiaoyuchu@chinaedukr.org.cn

网址

http://www.eoe.or.kr/publish/portal109/tab5111/

中国驻釜山总领事馆

地址

釜山市海云台区海云台海边路 47 号

电话

051-743-7990

传真

051-743-7987

E-mail

chinaconsul_bu_kr@mfa.gov.cn

网址

http://www.eoe.or.kr/publish/portal109/tab5111/

中国驻光州总领事馆

地址

光州广域市南区月山洞 919-6 番地 503-230

电话

062-368-8688

传真

62-385-8880

E-mail

gzzlg2010@gmail.com

网址

http://gwangju.chineseconsulate.org/chn/

中国驻济州总领事馆

地址

济州特别自治道济州市厅舍路 1 条 10 号

电话

064-749-8810

传真

064-900-8890

网址

http://jeju.china-consulate.org/chn/

入学手续

韩国可分为春秋两季入学，大部分学生则选择在韩国秋季，也就是9月份入学。留学新生为了做好在韩国生活、学习的准备，最好提前出发。当飞机降落在机场时，留学生们要面对的就不仅仅只是一昧的学习，而是一系列现实问题。

韩国的大学有不少并不在繁华地带，反而居于乡村或是郊区。新生甫下飞机，往往不知所措。因此应提前与学校的学联联系，请求他们的帮助。如果学联允许，可能会请高年级的留学生到机场来帮助新生。但要注意的是，得到别人的帮助，要适时表示感谢，在通过学联请求帮助时，就应该提出由自己支付过路费、油费以及租车费用等，在经过高速收费关卡或缴纳相关费用的时候，应主动缴纳，不应把别人的帮助看成是理所当然。如果由学联组织集体租车的话，则应该缴纳自己的那部分费用，不要因小失大，给别人留下不好的第一印象。

办理出入境手续时，应注意遵守秩序，保持安静，不要随便议论有关炸弹、恐怖主义、宗教或一切敏感的话题。

到达校园后，不要包裹一放就去参观，需要做的事情有很多，应按部就班，一步步规划。

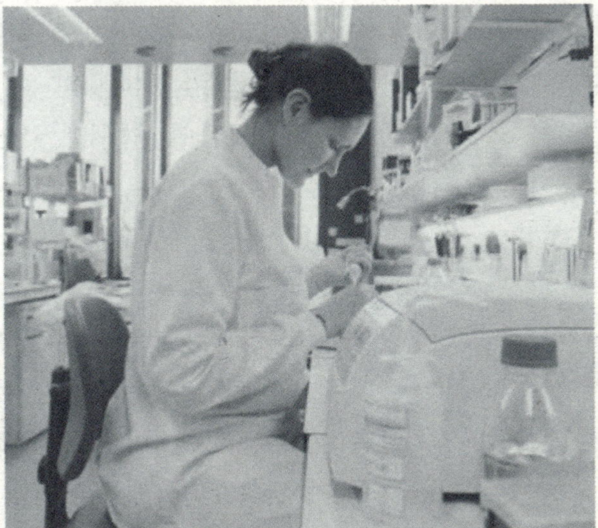

初入大学应做的事

向学校报道

留学生抵达大学校园后，应立即询问所在院系的入学登记时间，不同的院系报道时间也不同，应按时从学校内的新生接待处/留学生办公室取得登记表，填写姓名、学号等资料，留学办公室会按留学生所报院系分配不同的教室，并召开选课咨询会。另外，许多大学的留学生办公室会向新生提供一些学校、生活的相关信息，能最大程度的促使留学生尽快融入校园生活。如需要发布一些信息，也可以询问该办公室是否可以提供帮助。如：收购电器和家具、征求室友、了解住宿信息等等。

赴韩国留学最好携带相关身份证明，以备抵达韩国后使用。如出生证明、无犯罪记录证明、结婚证、毕业证、驾驶执照和经历证明。上述证明应办妥公证，并附韩文译文。

在线注册

韩国大学的很多学习相关服务都可在网络上实现，如选课、退课、改变课程等。学生的其他信息也可在网络上查询。新生第一次在线注册时学校会安排工作人员做演示，并且随时为学生提供服务。在线注册包括学生的基本信息、选择的课程等。注册后系统会自动生成电子邮件地址，并告知用户名和密码。这也是登录校内网络所需的钥匙。

参观校园

尽早尽量地对学校做一个详尽的了解，认识学校的各项规定以及相关服务，包括图书馆、餐厅、电脑房等与学业有关的各项设施，以便在开学后能轻松展开学习生活，对学校的服务设施善加利用。

联系中国同学会

由于近年来赴韩的中国留学生日趋增多，韩国大部分大学中都设有中国同学会。作为来自中国的新生，应主动联系同学会，请教学校和社区生活的注意事项，这些高年级同学的经验能使你少走弯路。

韩国大学内有时会组织教会活动，向留学生发出邀请。不必拒人于千里之外，如不想去，委婉地拒绝即可。

管理账户

独身在外，不应随身携带大量的现金，韩国人常会将钱存入银行，开办信用卡或储蓄卡用以消费。韩国人大部分的收入，括工资、薪酬以及政府津贴等都是直接向账户内支付的。留学生到韩国学习，应先携带一张信用卡，缴纳学校所需的各种费用，但留学生活是一个长期的过程，还是应办理一个韩国账户，申请一张银行卡，这不仅证明留学生有足够的经济能力，还可证明其具备良好的信誉，并在办理各种手续时省去很多不必要的麻烦，在生活方面带来极大的便利。

韩国的银行

韩国的银行一般分为银行和特殊银行两大类。一般银行依据韩国银行法设立，分为全国性商业银行（韩国称为“市中银行”）和地方商业银行，前者包括国民银行、友利银行、新韩银行、韩亚银行、外换银行、SC第一银行和韩国花旗银行等7家银行；后者包括大邱银行、釜山银行、光州银行、济州银行、全北银行和庆南银行等6家银行。

特殊银行，指由国家财政部门支持的带有政策性色彩的银行，有专门法律保障其地位，为执行国家对国民经济

银行支票账户应存有足够支付账单的金额。延期还款也会影响到留学生的信用。

的各个部门资金支援任务而设立。目前包括产业银行、企业银行、进出口银行、农协和水协等 5 家银行。

韩国银行是韩国的中央银行，1950 年根据韩国银行法设立。韩国银行总裁为该行代表，现任总裁金仲秀，2010 年 4 月上任。

收到账单时应仔细核对，尤其是信用卡账单有时会出现误列账目的情况，如发现有误，应尽快联系并要求更正。

韩国银行一览

一般银行	市中银行	国民银行	http://www.kbstar.com
		友利银行	http://www.wooribank.com
		新韩银行	http://www.shinhan.com
		韩亚银行	http://www.hanabank.com
		外换银行	http://www.keb.co.kr
		SC 第一银行	http://www.scfirstbank.com
		韩国花旗银行	http://www.citibank.co.kr
	地方银行	大邱银行	http://www.dgb.co.kr
		釜山银行	http://www.busanbank.co.kr
		光州银行	http://www.kjbank.com
		济州银行	http://www.e-jejubank.com
		全北银行	http://www.jbbank.co.kr
		庆南银行	http://www.knbank.co.kr
特殊银行		产业银行	http://www.kdb.co.kr
		企业银行	http://www.ibk.co.kr
		进出口银行	http://www.koreaexim.go.kr
		农协	http://www.nonghyup.com
		水协	http://www.suhyup.co.kr

此外，还有部分中资银行也在韩国开设了网点，留学生也可选择中资银行办理储蓄、转账等业务。

中资银行联系方式

中资银行	联系电话	联系传真
中国银行	0082-2-3996272	0082-2-3996265
中国工商银行	0082-2-37886670	0082-2-7563127
中国建设银行	0082-2-67301702	0082-2-67301701
中国交通银行	0082-2-20226862	0082-2-20226899
中国农业银行	0082-2-7530898	0082-2-7530889
国家开发银行	0082-2-5233765	0082-2-5233763

韩国的不同银行账户对比

交易账户

交易账户多用来处理日常理财事务，可用来存钱，也可用来支付账单或购物。申请交易账户时，可向银行申请办理银行卡，储户即可在购物或付账时使用银行卡支付。

GOOD

● 使用银行卡付款或收款时十分便利，也省去了携带现金的麻烦。

BAD

▲ 无法透支。

储蓄账户 / 存款账户

储蓄账户可满足储户对日常理财事务的需要，也可用来存钱、取款、支付账单等。想要存储一笔积蓄，则该类账户是一个很好的抉择。如储户在该类账户中存储的金额高于银行设定的下限，则可得到较多利息。但部分银行所设定的储蓄账户每月会向储户收取一定的取现费用，并对取现次数做了规定。

GOOD

● 如乐于存钱，则储蓄账户是很好的选择，存款金额高，则利息也高。

BAD

▲ 如将储蓄账户作为日常开销账户，则多次取现后不得不向银行缴纳多余的取现费用。

定期存款账户

如有部分金额不欲立刻花掉，就可以选择定期存款，并由此获得最高的利息。定期存款账户对账户余额也有下限要求，因此可先将积蓄存入储蓄账户，待积累到足够金额时，再转为定期存款。定期存款的期限不等。

GOOD

● 定期存款的储蓄利息是各类账户中最高的，账户内储蓄金额越大，所获得的利息也越多。

BAD

▲ 定期账户强制储户存款，在存款期限未到时，不可取出。部分银行虽可允许储户提前取出，但必须缴纳一定的费用，甚至会损失部分利息。

现金管理账户

现金管理账户的功能近似于交易账户，可用来管理日常理财事务，如存款、取现、支付账户等。

GOOD

● 申请现金管理账户可获得较高的回报。现金管理账户实行分级利率，账户内余额越多，利息越高。

BAD

▲ 部分银行对该账户有严格规定，甚至要求存储资金须达 10 万韩元以上。且现账户内必须保留一定余额，若低于最低限度，则利息较低或无利息。

信用卡账户

在韩国的大部分交易都可以用信用卡来完成，甚至包括网购业务。因此，大部分韩国银行都开设了信用卡账户办理的业务，支持取现、刷卡等服务。

GOOD

● 申请信用卡账户便于留学生购物，也可进行透支，每月按期向银行还款即可。

BAD

▲ 每月须向银行缴纳分期款及利息，若延迟不还款，则须缴纳滞纳金。

各类账户适宜表

需要……	交易账户	储蓄账户	定期存款账户	现金管理账户	信用卡账户
经常取现的账户	√	√	×	√	×
存、取款	√	√	×	√	×
银行卡	√	×	×	√	√
较高的利息	×	×	√	√	√
可用取款机	√	√	×	√	√
可用网上、电话银行	√	√	×	√	√
可在分行办理业务	√	√	√	√	√
可得到存款奖励	×	√	√	√	×
存储就能获得高利息	×	×	√	√	×

在韩国办理银行账户

- 必须认准正规的大型银行
- 应在抵达韩国后才可办理银行账户，留学生需持有护照作为身份证明和外国人登陆证作为身份证明。
- 办理了韩国银行账户后，可请家属直接从国内汇款过来。
- 汇款金额一般不要超过50000美元，超额则手续费会相应增高。
- 允许账户透支。
- 办理银行账户后，应尽量使用信用卡。
- 韩国的银行均为全国联网，可在任一城市的任一代理处办理开户、存款、取款、汇款等手续。

各种账单应准时支付。账单上多会标明付费截止日期，最好能提早一周寄出，万一迟付，可能会被罚款或赔付滞纳金。

- 到银行开户前应带好自己的身份证明，如护照、登陆证明、学生证、驾照、医疗保险卡等。
- 韩国部分银行设有学生账户，可询问后依个人情况选择是否办理。
- 不要把自己的身份证件借给他人，或委托他人开户。
- 银行卡的密码不应随手乱记。
- 尽量避免在公共电脑上登录网上银行。
- 若遗失银行卡，应第一时间和银行的24小时电话联系，办理停卡。

大部分韩国人在购物时都会使用信用卡，大多数商店也会向顾客提供电子付款服务。因此，在韩国外出不需要携带大量现金。

申请住宿

中国人有“安居乐业”之说，想专心致志地投入到学业中去，则先要解决住宿问题，有一个好的住宿环境，也可以尽快熟悉环境，对生活和学习都是十分有利的。

在韩国，留学生主要选择的住宿方式主要有3种：学校公寓、自主租房、家庭寄宿。不同的大学其提供的住宿方式也不同，有些大学硬性规定学生入校第一年必须住在学生公寓，有的甚至是两年制学校住宿制。就安全性来讲，当然是学校公寓的安全性最高，但由于环境、自由度和资金等原因，也有很多留学生选择后两种住宿方式。

为安全计，租住房屋时应安装油烟报警器。

学校公寓

对于第一次出国的留学生而言，如果资金足够，最好还是选择在学校公寓居住。这是有多方面的考虑，尤其考虑到留学生初来乍到，甚至有些连韩语都不过关，贸然租房，很可能难以租到称心如意的住所，甚至可能会受骗。

选择校内住宿的优点、缺点

GOOD

● 节省了交通时间和费用

BAD

▲ 不一定能与同宿舍的学生和睦共处

GOOD

● 可直接在校内餐厅就餐

BAD

▲ 难以享有私人空间

GOOD

● 便于融入校园氛围，可更快地投入到学习当中去

BAD

▲ 不易于更快了解韩国的社会

GOOD

● 是一个缓冲，避免立刻面对社会生活与习惯的冲击

BAD

▲ 如学校放假，公寓有时也会关闭，会造成不便

GOOD

● 易于结交朋友,有利于社交

BAD

▲ 学校公寓的住宿费较贵

GOOD

● 能更便利地利用学校的设施

GOOD

● 学校环境相对比较安全

决定了要在校内住宿,就要尽早向学校住宿办公室提出申请,索取相关资料及申请表。一般情况下,学校会按照所属系和年级的不同来安排住宿。韩国大学在学生申请住校时,有时会要求留学生缴纳申请费和保证金,即住宿定金。要注意的是:部分韩国大学规定,一旦住进宿舍后,再要求退出,住宿费不会退还。因此如果改变主意,要提前向学校提出。

韩国部分出租屋是没有家具的,但多备有炉灶、洗衣设备和窗帘等物。签订租房合约后,留学生需联系安装电话以及供电。同时,还需要添置炊具、卧具和其他生活必需品。

自主租房

留学生如果想要进一步了解韩国社会和韩国式生活,并希望能拥有自由的时间和更多的个人空间,则不妨考虑自主租房。选择自主租房,首要关注的就是资讯。

自主租房的资讯来源

- 学校布告栏张贴的房屋出租、征求室友的广告。
- 社区报纸和校园报纸上关于房屋出租、征求室友的广告。
- 校园网络上的资讯及租房网站上的留言。
- 部分大学的住宿办公室会向学生提供一定信息。

但要注意的是，靠资讯找房源时一定要抱有警惕心，留学身孤身在外，一切要以安全为先，不可只贪房租便宜，条件优惠，要多方面考虑，谨防上当受骗。

自主租房的形式主要分为两种，即单人独住和多人合租。如同字面意义，单人独住就是自己一人住一套公寓，多人合租则为一套公寓有两人以上分住，以便分担租金。单人独住在韩国被称为“One-Roon”，有韩国住房中介专门提供这类住房；多人合租则多被称为 APT 公寓，一般为卧室由租房人各自使用，客厅、厨房、卫浴等处则大家共享。

自主租房的优点、缺点

GOOD

● 住宿时间自由

BAD

▲ 安全问题无法保障，需要自己留意

GOOD

● 个人时间充裕

BAD

▲ 交通和用餐要自己解决

GOOD	BAD
● 有足够的个人空间	▲ 生活费用会提高
● 可更快了解、融入韩国社会和生活	▲ 需自己缴纳水费、电费等杂费
● 对提高独立生活能力有较大帮助	▲ 需要处理好与室友及邻居的关系
● 住宿费用可自己调控	▲ 生活方面要完全自理

决定了自主租房后，不要只看到一处合意的房源就坐等，应多看几处，四处撒网。因为热门房源往往是多人竞争，房主也会等求租者全部看过房子后，才在其中挑选合心意的租客。另外，不要完全相信房主的口头约定，要与房主签订正式的租房合约。在韩国租房有时要先预付一定的押金，多为几百加元，有的房东在租客退房时会以各种理由来推诿押金，不予退还，这时应有理有据地反驳，并告诉房主必要时会诉诸法律。

自主租房的注意事项

- 最好选择靠近学校的地点，这样一方面可以有安全上的保证，另一方面则避免了交通问题。
- 周边环境是否安全，不应租在鱼龙混杂之地。
- 留意所租公寓内是否附带家具、生活电器、相关厨具等。
- 房屋的保险合同等是否齐备。
- 从房主的谈吐，行为中所透露出的信息，可以分析房主的人品。
- 是否禁养宠物。
- 询问费用详情，如电费、水费是算在房租内，还是由自己支付。

家庭寄宿

家庭寄宿更多的是针对那些短期进修的学生或赴韩读高中的学生，对于留学韩国的大学生来说，申请家庭寄宿可能不太容易。学校住宿办公室一般登记有提供家庭住宿的住户名单。这类家庭都会对留学生抱有一定期望，有些希望留学生提供部分帮助，如做家务、照看孩子等，作为回报，他们会为留学生全额或部分减免住宿费用。

韩国当地的报纸多会刊登出租房屋的广告，留学生通过这种方式与房东联系可以免除中介费用，但这样做往往比较费时费力；通过中介公司寻找房屋，需要支付一定的中介费用，但可较快地找到中意的房屋。

家庭住宿的优点、缺点

GOOD
● 可更深地体会韩国人的生活

BAD
▲ 必须适应对方家庭的作息时间

GOOD
● 具备最便利的提高口语的环境

BAD
▲ 个人空间可能会受到影响

BAD
▲ 未必能适应对方家庭的生活习惯

韩国人对垃圾的处理非常重视，对垃圾的分类也规定得较为细致，主要分为：纸类包装、饮料瓶和其他玻璃瓶、铁罐和铝罐、其他罐头类、塑料材质和乙烯材质物品、食品垃圾等几类。

一般来说，由学校提供的住宿家庭都具有一定保障，但也不能掉以轻心，如申请通过，应向学校索取对方家庭提供的信息列表，里面应写明其成员、作息习惯、宗教习惯、社会安全号码、是否养有宠物等信息。这有助于留学生做进一步判断。

寻找寄宿家庭的注意事项

- 了解对方是否有犯罪记录。
- 了解对方是否有违章记录。
- 了解对方的信用卡信用是否良好。
- 了解对方家庭一公里范围内的邻居是否有犯罪记录。

- 了解对方家庭是否有不良的生活习惯。
- 了解对方的宗教习惯。
- 了解对方的经济状况是否良好。

购买保险

韩国人的保险意识非常强，几乎家家户户都会买保险，甚至买十几个保险，其囊括了车辆保险、房屋保险、人身保险、医疗保险等等。留学生赴韩国留学，自然希望顺利完成学业。但天有不测风云，人有旦夕祸福，谁也不能保证几年的学习生活就一定万事无忧。

因保险业发达，故而韩国的保险种类繁多，其针对的方面也有个不同，留学生在韩国也不必面面俱到，只需了解基本的保险种类即可。

在韩国的众多场合都需要出示身份证件，如银行开户、购买机票等，留学生应随身携带附有照片的证件。

韩国常见保险种类

国民健康保险

国民健康保险是韩国保健福利部监管下的唯一公共保险企业(NHIC)设立，主要为投保人提供医疗保险服务。购买该保险即可获得与韩国国民同等的医疗权利，使用该保险在治疗时只需支付全部费用的20%~50%，购买处方药只需支付全部费用的30%。该保险是在韩留学生最常购买的保险之一。这种保险不仅适用于个人，还可涵盖购买人的配偶、子女。

人身保险

人身保险即为自己的生命作保。如遇到意外不幸去世，保险赔偿费将付给受保人所指定的受益人。人身保险也有多种不同的类型，应先行了解后再去购买。

个人财产保险

赴韩国留学一般不需要带贵重财物，但如特殊情况必须携带，则可为自己申购个人财产保险，以防遗失、失窃及损害。

行李保险

部分留学生会为自己的行李作保，以防遗失或失窃。

汽车保险

有些留学生获得了驾照，为了出行便利会在韩国购买汽车以代步。但韩国要求车主购买汽车全面保险（包括盗窃、失火、刑事毁坏及损毁等）。如果仅是租车，则不需要支付保险费，因为其费用已经包含在租费当中。

在韩国如何购买其他保险

- 需对韩国的保险政策有一定了解。
- 应对各大保险公司的产品进行比较。
- 多咨询有经验的留学生，并可在学联网站上寻找相关信息。
- 询问学校是否可提供相关信息，并且是否可进行推荐。
- 要根据自己的实际情况和需求进行购买。

- 除考虑费用外，还应考虑额度、保障内容、保障限制等。
- 应了解所申购保险的保障范围。

购买保险后，保险公司会向申购人发放保险卡，应妥善保存。

申请打工

留学生自费赴韩国就学，对普通家庭来说是一笔不小的开销，为了缓解生活压力，也可以对自我进行锻炼，许多留学生在课余时间会进行打工。但在韩国留学打工必须了解并遵守韩国政府对于海外留学生打工的法律规定，否则一旦违法打工，不仅其学生身份会自动失效，陪读的配偶和子女的签证也会随即失效，并会被移民局遣送出境。

在选课前，可以多参加一些班级的听课活动，衡量对比之后，再做出决定。

在韩国打工

韩国移民管理局最新规定要求：在韩国居住达 6 个月以上，持有 D-2 学生签证的留学生可以利用业余时间合法打工。留学生可根据个人的情况选择长期打工或者短期打工，也可在寒暑假期的 5 个月内，进行集中打工。一般来说，在韩国打工的费用足可以用来支付生活费用和一部分开支了。

韩国打工政策

- 留学生到韩国就读，若居住时间长于6个月或以上，并持有D-2学生签证，在遵循移民条例的同时可以申请打工；若居住期短于6个月，则不能打工。
- 留学生在学期中，每周最多可工作20个小时，但不能申请全职工作。
- 留学生在假期期间，可以申请全职工作。
- 留学生不能在酒吧、歌厅等场所兼职。

校内打工

韩国校内打工的工作类型众多，工作量相对较少，也比较轻松，多需要学生在课余时间完成即可，因此比较适合留学生进行申请。但由于申请人较多，因此竞争也相对激烈。

机房打工

韩国大学的计算机房多会聘用部分学生担任计算机助理，为现场使用计算机的学生提供信息和现场帮助。另外，韩国大学的实验室有时也会聘用部分学生进行清理。

学校餐厅

韩国大学基本都会设有餐厅，通常会聘用部分学生担任除管理负责人和厨师外的工作人员，这类工作机会比较多，也容易掌握，往往还能解决就餐问题，可谓一举多得。

图书馆

韩国大学的图书馆多会聘用部分学生进行图书归类、归架、整理、清理等工作。因图书馆环境优越，可名正言顺借机读书完成课业，因此此类工作竞争较为激烈。

学生公寓

学校公寓的管理往往面临人手不够的情况，因此会聘用学生担任管理助理，但担任这类职务的学生多为研究生，新生则不太可能被安排这类重任。

行政机关

学校的行政管理机关有时也会聘用部分学生帮忙归类资料、打印表格等，这类工作需要被聘用学生细心谨慎，但有时可在工作之余与学校高层搞好关系，有助于申请更多工作机会，近水楼台先得月。

校园

大学校园内有时会聘用部分学生对之进行清理，甚至需要拥有驾照的学生充当校车司机。

中文助教

部分校园内开设有汉语研习班或兴趣小组，留学生可凭借语言能力，获得此类职务。

校外打工

留学生在校外打工有时能获得较高的酬劳，甚至有的留学生可达到月收入几十万韩元以上。但也要留意校外打工的陷阱，谨防贪图工资利润高，而吃大亏的现象。赴韩国留学生的校外打工工作的选择可多集中在当地华人聚集区，一方面解决了语言问题，另一方面也较易沟通。

简单类型工作

这类工作一般都为餐厅、超市、服务行业。初到韩国的留学生韩语不过关，就可选择这类工作。如刷盘子、厨房打杂、超市货物整理等，工作内容简单，收入也过得去。

技术类工作

这类工作适合有一技之长的留学生从事。如按摩、油漆、园丁、厨师等，从事这类工作，虽然内容复杂，但收入不菲，如技术水平较高，收入可能会直接上一个层次。

语言类工作

如留学生的语言过关，则可借助自己同时掌握韩语和汉语的优势，申请多种工作。如翻译、收银、家庭教师、汉语教师等等。这类工作有时不仅收入丰厚，还能接触到更多的人，为自己的将来打开一条路。

在韩国千万不要打黑工，即打工时间超时或通过其他不法途径进行打工，否则一旦被移民局发现会被直接取消签证并遣返回国。

家庭类工作

这类工作主要是居家保姆、接送孩子、帮人遛狗等等。部分华人家庭希望自己的孩子能继续掌握中文，因此愿意雇佣华人留学生。

课堂学习

韩国大学对学生的培养是多方面的,要求学生在掌握本专业的课程外，还应该选修多领域的课程以充实自己。通常在第一个学年，韩国大学主要会进行基础课程的教授,以便让学生适应与高中不同的授课氛围。到第二学年后,才会逐步引入专业课程的渗透。

留学生在掌握主要专业的同时，也可开辟第二专业，韩国的课堂允许非本专业的学生旁听,留学生可根据自己的兴趣选择喜欢的课程进修。

韩国的课堂形式一般分为集体大课和以讨论为主的小课,课堂上自由度比较高,鼓励学生发表自己的观点,找出适合自己的学习方式。要注意的是,不要误认为国外大学的自由度高,就可以任意妄为。无论哪里的大学一样看重出勤率和参与度,并会将之计入学期末的考核中,这两项成绩也直接影响到留学生申请奖学金和校内工作成功率。

留学生开始正式上课后,多有因为语言、学习习惯、书面表达能力等原因难以跟上课时进度的情况,这时提前预习和课后复习也就显得尤为重要了。韩国大学主要要求学生具有相当的自修能力,因此课程进度相当快,这就需要留学生提高自己的阅读速度和理解能力,尽快对所学课本有个大概的了解。另外,要养成随时记笔记的习惯,将阅读重点及不明白的问题一一记录,以备温习和解决。

留学生在写论文时,如引用了他人的文章,应以"引号"标注,而不应大篇幅引用，否则会被视为"抄袭",严重时甚至会被开除学籍。

课堂学习诀窍

自备录音设备

留学新生初到韩国，韩语听力大多并不过关，讲师在授课时侃侃而谈，学生则听了上句忘下句，这时就可以考虑把授课的内容录下来，以备课后温习。学生可以自备录音笔、复读机等小型录音设备，将讲师所讲的重点录下来。但要注意的是，有的讲师并不欢迎学生在课上录音，这时应该尊敬对方的授课习惯，尽量克服。另外录音只是辅助手段，不要让录音分散了你课上的注意力。

随时记笔记

正所谓“好记性不如烂笔头”，讲师在课堂上所讲的内容，不一定全都能当即吸收，因此应把讲师授课的精华、重点记下来，一方面便于复习和预习、以及课组活动时所用；另一方面集结成册，学期末可用于准备考试。如因书面表达不当，或是听力不过关，可向讲师提出，询问是否能安排助教或同学帮助。

要得到好成绩，就要多到任课老师的办公室拜访。在规定与教授及助教会面的时段，可就学业上遇到的问题向他们咨询，这样可使教授看到你对该课程的热情，并了解到你选择修习该课程不仅为了获得学分。

多发言，多表现

韩国大学与中国大学最大的不同，就是在于参与感。韩国的学生即使在授课过程中，也会随时提问。中国留学新生则应该克服自己的语言和心理障碍，尝试着多问问题，多参加课余讨论，一方面可以与其他同学增加交流，使课业上的疑问即时获得解答；另一方面可使讲师对自己留下印象，便于与讲师日后的交流、请教。

韩国大学的考试主要分为大考，即期中期末考试，这类考试的成绩约占全学期成绩的 80%以上，考试形式多种多样，有多项选择考试、解决问题考试、简短回答考试、小论文考试、实践性考试等，需要慎重对待。另一种则是由教授布置的、需要课下自己做答的考试，这类考试因不需当堂做答，因此压力不大，但也不可掉以轻心，因为这直接关系到教授对你的观感。

如果对成绩有疑问，也不要急于质询教授或是央求对方给你改判。而是要委婉地提示教授是否错认了你的答案，是否算错了分数或者看漏了你的作答。

教授所布置的考试，有时是题集，有时则是一篇与课业相关的论文。国外大学对于这种课业论文的要求较高，需要学生积累足够的阅读量，这样其论文才能旁征博引。重要的是，论文必须具有清晰的论点，使人可从中窥见作者自己的想法，而不只是简单的罗列材料。

韩国生活指南

留学韩国不同于短期旅游，是一个长期的过程，留学生的留学生活有时甚至长达4、5年。那么，如何适应韩国的生活就成了重中之重了。韩国与中国虽是近邻，但不论从衣、食、住、行各方面来看都具有差异，要了解这些差异，做到心中有数，求同存异，乐于尝试。

韩国的穿

由于三面环海，韩国的海洋性气候特征显著，四季分明且温差较大。韩国的冬天漫长而寒冷，夏天却潮湿闷热，一年之中气温最低时可达到零下20度，夏天的温度最高时却可超过35度，且多风、多雨、多雾、多雪。鉴于此，留学生应提前备好防风、防雨的服装，同时也要注意保暖。

韩国人日常的穿衣打扮较为时尚，他们也喜欢购买实用性强的衣物。由于供暖发达，即使在寒冬腊月，韩国的年轻人也多穿着轻薄，较少穿保暖衣，女孩们多穿着裙子，带着各式帽子，俏丽可爱。

韩国人对于时尚的看法多种多样，但他们普遍认为凸显自己的个性更为重要。他们的服装多种多样，并不拘泥

韩国人都十分喜欢戴帽子，有时甚至在夏天或者室内也戴着毛线帽。一方面他们认为这样比较个性，可以与当天所穿的服装搭配，营造一种时尚的感觉；另一方面，来不及打理头发时，帽子也能起到遮掩的功用。

于一种形式。在大街上，可见来往路人多有穿着随意，却各具风采的。有的在国人看来简直是奇装异服，如炎热夏季，却脚踏一双棉靴；三九寒冬，光脚穿凉鞋走来走去；又如里三层外三层的长短不一的穿着。同样的场合，也许一边是正式的西装，另一边则是T恤牛仔裤，都不以为怪。韩国的学生则通常以牛仔裤、短裤、运动衫和运动鞋为主，但参加校内聚会或化妆舞会时，也会突出个性、时尚，打扮成吸血鬼、狼人、巫师等角色，招摇过市，务必使自己与众不同，争奇斗艳。总之，只要不妨碍社会公共秩序，那么随你穿，想怎么穿就怎么穿。

但韩国人也有严肃着装之时，在正式场合，如剧院、政府部门等地，可见人们衣冠楚楚，男士西服革履，女士则着以各式裙装，并淡妆素抹，十分动人。若举行舞会，则不论男女一律正装，且按天时的不同，配以不同的服装。如午餐会，男士多着休闲西服，女士以短裙示人。晚宴则又不同，男士多着黑西服，女士一定为一款晚礼服，挽着手包。可见，在韩国人看来，服装也是一种礼仪，应根据不同场合搭配不同的衣服。留学生赴韩国留学时，除了换季衣物外，也应携带一些正装，如小礼服、西装等，日常学习、生活的着装，不太适合直接穿到学校派对中去。

韩服对韩国人来说是十分重要的，在婚礼、过年、祭祖等正式场合中，韩国人一般都会穿上韩服，以示庄重。

与国内相同的是，韩国的服装商场同样鳞次栉比，既有应季打折的服装店，也有规模宏大的百年老店，还有可供淘宝的二手服装店。韩国的服装店分工有序，从老年人服装专卖店到童衣店各有不同，可满足各阶层客户的需要。著名的韩国东大街就是时尚淘宝的圣地，韩国的服装价格并不过分高昂，留学生可少带一些衣服，到韩国购买。

韩国的吃

中国的吃世界闻名，而韩国人的吃也是世界闻名。不同的是，中国食物闻名的是美味，而韩国食物闻名的主要是泡菜。韩国人不论在什么时候也离不开泡菜，对于他们来说，一顿饭是否好吃，取决于泡菜是否美味。

在饮食习惯上，韩国人与中国人十分相似，使用筷子和勺子，他们也爱吃米饭和面食，炸酱面、饺子、年糕等食品是韩国人日常的主食。由于西化之风日盛，很多韩国人早餐会吃西餐，即面包、牛奶、培根等食品。部分韩国白领因工作繁忙，往往一盘牛奶泡麦片就解决了自己的早餐，午餐也不过是买份炸酱面而已。正因如此，对于韩国人来说，晚餐是十分重要的，是一天中的主餐，他们常与好友三五成群地到饭店内，点上几瓶烧酒痛饮一番，去除一天工作的压力。韩国人晚餐多爱吃米饭，配以泡菜和烤肉，他们喜欢先将生肉用调料腌制好，再与洋葱、蒜等一起放到烤盘上烤制，最后用生菜蘸取辣酱包起来一口塞到嘴里。

因为冬天天气格外寒冷，韩国人都酷爱吃辣，无论何时身边总是放着一罐辣酱，韩国的名菜也均以"辣"味为主。

而对于中国留学生来说，韩国的饭菜较容易适应，但因为韩国饭菜爱放大量辣椒进行调味，不爱吃的辣的留学生会觉得难以适应。不过好在随着移民的大量涌入，世界各地的美食也被带到了韩国。如今的韩国，饮食已经呈现多样化的趋势，意大利、希腊、法国、西班牙、土耳其、阿拉伯等各地菜肴、食品相继在韩国各地落户生根，它不仅满足了各地移民的需要，也给那里的韩国菜带来了新的口味，这其中当然也有中餐馆的身影。韩国的中餐馆一般不大，但收拾得十分干净整洁，口味上也能大致满足留学生的需要。只是若外出就餐频繁就会造成经济上的负担，因此留学生要在韩国解决用餐问题，可直接在学校餐厅就餐。如要求更高些，就可以考虑自己做饭。由于中韩两国做饭的方式类似，因此中国菜所需的各种调料和青菜在韩国超市内都十分齐全，甚至能买到正宗豆瓣酱。韩国大型超市也会在各种节日期间开展打折活动，并有时会实现优惠返券，即买完东西后，超市会付与返利消费券。这种机会，常做饭的留学生不可错过。自己做饭的留学生，偶尔也可邀请室友或同学来美餐一顿，这样既可以结交朋友，又获得了好人缘，何乐而不为。

韩国人在"吃"上面较为不拘小节，亲朋好友共用一个勺子吃饭，同用一个杯子喝水的场景屡见不鲜，初入韩国的留学生可能会感到不太适应，但不必大惊小怪。

生活中的礼仪

礼仪是我们在生活中与他人交际的基础，也是尊重他人的一种表现。韩国的文化、风俗虽与中国相差不远，但各个国家都有自己独特的风俗习惯，留学生想要融入韩国的生活，结交新的朋友，与同学和睦相处，就要了解他们的礼仪习惯。

韩国人虽然平时看着不易接近，实际十分热情。与他们交往要注意的是，韩国人很在乎日常生活中的礼仪，如邻里碰面，应以目示意，相对微笑。在他们看来，凡是收入、年龄、婚姻状况、家庭情况等都属于个人隐私，他们既不会贸然询问，也不希望别人对他们“交浅言深”。与他人初相识时，应先介绍自己，再询问对方的姓名，这也是一种谈话上的基本礼仪。大致来说，韩国人的礼仪表现在生活的各个方面，留学生应入乡随俗，尊重他们的习惯。

韩国人爱喝咖啡，街边处处都是各式各样的咖啡店，与韩国人见面、会谈，也可入乡随俗，约在咖啡店见面。

留学生应遵循的礼仪

交际语言

与人初见，要先介绍自己。相互交谈时应有来有往，不应只是谈论自己，也不要一味地说些“天气不错，吃饭了没有，”之类的客套话。韩国人见面时惯于互相打招呼，熟悉后，甚至会勾肩搭背。聚会充当介绍人时，应先将男士介绍给女士，长辈介绍给小辈。称呼别人时要先说姓，再接上先生、太太、小姐等尊称。要注意的是，如对方夸奖你，应表达出谦逊之情，不要骄傲自满。

肢体语言

与他人交谈时应保持一定距离，不要靠得过近，遇到打喷嚏、打哈欠等突发情况，应及时转过身去，不要当面施行。韩国人在彼此熟悉后较为喜欢肢体接触，紧紧拥抱或勾肩搭背都是很常见的。在重要社交场合，忌讳打哈欠、伸懒腰等小动作，这会让人觉得你缺乏礼仪知识。

服务

韩国没有必须给予小费的要求，是否给小费取决于个人决定。但若给予小费，需要注意的是：小费给多给少也是有讲究的。美国总统富兰克林就说过，小费给多了像傻瓜，小费给少了像大傻瓜。因此给小费要适度。但要记住，当与友人一起 AA 制就餐时，小费也是两人公摊。

在韩国，一般情况下，小辈不应在长辈面前抽烟，最好也不要向长辈借火。

拜访

拜访他人，要提前打电话询问对方是否有空，约好时间后，既不应迟到，也不要过于提前。不是特殊日子和重大节日又或者另有所求，不要携带贵重礼物上门。在主人家吃饭时，尽量不要在自己的餐碟中剩食物，这会被认为是不礼貌的行为。而当想要抽烟时，要先得到主人的许可。

文化差异

韩国与中国是一水之邻，其历史上长期与中国相依，因此在发展过程中形成的习惯和风俗十分类似。但韩国的传统力量十分强大，有一些特殊发展阶段下行成的约定俗成的习惯，留学生初到韩国，还怀着兴奋激动的心情，往往求好心切，却不知道已经触犯了对方的忌讳。切记不要忘记自己来自他国，国情文化与对方不尽相同，多看多听多问，敞开胸怀，以积极主动的态度与别人交往，就会轻易获得对方的好感。

两国文化风俗的差异

- 韩国人对于长幼之别十分看重，要尊重比你年长的人，对他们说话要用敬语。
- 在韩国面对年长的人要摘下墨镜，在职场上遇到前辈人员，要主动问好。

由于韩国人习惯席地而坐，不管是在家中还是在传统餐厅中，都会脱鞋就餐，因此要格外留意自己的袜子，如果有异味或者破洞，会被认为是不礼貌的。

- 吃饭时，要先为长辈盛饭，等长辈开始吃饭后，才可以吃。
- 说话不要拐弯抹角，也不要妄自菲薄，别人夸你，要说谢谢即可，但不要表现出得意洋洋的神情。
- 中国人喜欢“大事化小，小事化了”，韩国人则遇事认真，不会一味息事宁人。
- 不要在公共场合大声喧哗，这会被看做是没有礼貌的行为。
- 韩国人的时间观念很强，因此与别人约好后，应按时赴约，不要迟到。
- 去韩国人家里做客时，要准备一些小礼物。
- 为长辈倒酒时应右手拿酒瓶，左手托瓶底，鞠躬致祝酒辞，一连斟满三杯。
- 敬酒时要把自己的酒杯举低一点，用杯子的杯沿碰对方的杯身，背转身喝酒。
- 当众剔牙，会被认为缺乏礼貌。
- 席地而坐时，不要把双脚伸直或叉开，否则会被认为不礼貌。
- 韩国人不喜欢“自来熟”，对陌生人过于亲热反而会使对方不自在。
- 不要把私物停留在别人家的草地、门前，因为那是个人领地。

不要随便把自己的生日告诉陌生人。在韩国，很多服务都可以通过电话完成，因此个人的住址和生日常被用来确认身份。

- 不要把个人物品放在公共区域，如走廊，楼梯口等。
- 在住所附近遇到他人，应露出微笑向对方问好。
- 应习惯排队，或等待服务人员叫到自己的名字，才可上前接受服务，不能插队。
- 当见到一对一服务的时候，当事人服务其他人时，千万不要打断人家。
- 无论在何种场合进行交谈，一定要等对方讲完，随意打断别人是很粗鲁的行为。
- 如果有法律责任的时候，千万不能道歉。
- 韩国人尊重他人的隐私，如果你没有要求，别人不会干涉你的生活或主动给你建议。因此当需要寻求帮助时，应自己主动说出来。
- 不要随意探听别人的隐私，如“你有孩子吗？”“你结婚了吗？”，这类“交浅言深”的话应少说。
- 韩国人喜欢穿白，他们认为白色是最纯洁的颜色，往往在婚礼上新娘都会穿着白色婚纱以示贞洁。
- 韩国人的自尊心很强，不要贸然对韩国人批评他们的国家。
- 不要在韩国人面前交头接耳，对方会认为这很失礼。

韩国人喜欢谈论政治，但他们的民族自尊心十分强烈，不要随意批评他们的国家，也不要批评他们政府的执政方式。

韩国的交通

韩国的国土面积为 100210 平方公里，其交通可谓四通八达，拥有 4 个国际机场，十几个国内机场，以及贯穿全国的铁路线和密如蛛网的公路设施。韩国的各个城市都拥有公共汽车、长途巴士等交通工具。其交通不仅遍布各地，而且价格合理，十分方便。

飞机

每年暑假和圣诞节前后是旅游旺季，安排出行应尽量避免这个时期。若一定要在这个时间段出行，则须提前预订机票。

韩国的航空业十分发达，主要城市和旅游点都设有机场。韩国的机场共有十几个，在首尔有 2 个机场，分别是仁川国际机场和金铺进场。各国际机场及大多数国内机场都有短程往返的公共汽车服务，这些公共汽车穿梭于机场和市中心商业区的主要旅馆。大多数机场不仅通地铁并开设了机场高速列车。在预定去机场的公共汽车时，要留出足够的时间。韩国国内的航空公司主要为：韩国大韩航空公司({대한항공Korean Air}、韩国韩亚航空公司（아시아나항공;Asiana Airlines)以及连接较小城镇的通勤航空公司。其中大韩航空株式会社是韩国最大的航空公司，也是亚洲最具规模的航空公司之一。每个航空公司每天都有多次航班飞往世界各地。票价根据季节和地区变动。留学生若购买韩国机票，较为经济的方法是购买国际和韩国境内的联票，且因竞争激烈，韩国的航空公司常会出售打折机票，留学生可直接在官方网站上订购。但要注意的是：购买打折机票往往不能改签日期，也不能退票。

乘坐韩国飞机的注意事项

- 由上海飞往首尔约需 1 小时 50 分钟;北京飞往首尔约需 2 小时。
- 网络订票较为便宜,不妨一试。
- 免费托运行李的重量不得超过 23 公斤,长、宽、高合计不得超过 269 公分。
- 国际航线应提前 2 小时出发,国内航线应提前 1.5 小时出发。

火车

韩国的铁路总长为 3389 公里，共有从首尔出发的 14 条铁路路线,首尔正是韩国铁路运行的枢纽。首尔有 5 个火车站,分别是:首尔火车站,主要连接釜山和庆州;清凉里火车站,主要连接江原道、江陵市、庆尚北道等地;龙山火车站,主要连接木浦和天安;永登浦火车站,主要连接平泽、顺天、丽水等地;城北站,主要连接春川、清平、加平、江村等地。学生为了观光旅游，或时间宽裕的话，乘坐火车是个很好的选择,第一,乘坐火车较为舒适,韩国大部分的列车都装有空调,还备有设备齐全的卫生间和酒吧,有些甚至 24 小时提供免费的茶和咖啡。第二,乘坐火车可顺便一览沿路的风景,韩国风景秀丽,没有比做火车饱览美景更惬意的交通方式了。在韩国,乘坐铁路出行可购买一种名叫 KR-PASS 的铁路通用票，持有这种票可在一定的期限内乘坐韩国国内所有列车，但不包括地铁。

若错过了长途巴士,应就近询问工作人员,或致电给巴士公司寻求帮助,问清下一班巴士的开车时间,以便再次踏上旅途。

长途巴士

韩国的公路交通十分发达，已伸入到铁路不能到达的地区。每天都有长途巴士来往于韩国全国各地。韩国的长途巴士枢纽是首尔和釜山。首尔有5个长途车站，分别是高速汽车客运站、Central City客运站、东首尔客运站、南部客运站和上凤客运站。其中首尔高速汽车客运站主要连接首尔和釜山之间；而Central City客运站则连接全韩国各地。釜山有3个长途汽车客运站，分别是釜山综合汽车客运站、釜山东部庆南长途汽车客运站和釜山西部长途汽车客运站。在韩国长途巴士的发车时间十分密集，因此乘坐不需提前预定车票，上车时不需对号入座，且大都有座位，不必预约。但在比较偏远而每天只有一班车的地区，最好事先订位。

自驾

韩国的公路交通十分发达，如留学生希望能拥有自主性更强的旅行，则可以选择自驾。韩国的自驾游分为2种形式，即自驾私家车以及租车。在韩国购买汽车的费用并不十分高昂，若经济宽裕，且又拥有国际驾驶执照，留学生也可考虑自行购车。韩国二手车的价格从20万韩元起，新车的价格则从百万韩元起，每年的保养费用加上保险费用大约在几十万韩元。但要注意的是，在韩国，若车险逾期不交，则会积累滞纳金。除自行购车外，韩国的租车网络也十分便利，可提供租车服务的公司更是随处可见，更可直接在网络上预订租车，出租车辆的类型从豪华轿车到大型房车，应有尽有，很多租车公司还提供异地返还车子的服务，十分方便。租车为24小时算一天，也可长时间租用。若持有国际驾照，则可以自行租车驾驶，但若留学生未考得驾照，则需要雇佣司机。韩国司机的上班时间一般在8个小时以内，长时间租车要提前协商。要注意的是：租车费用中已包含综合车险，但若留学生需要车辆损害赔偿保险，则应在租车时提前说明。

在韩国租车的注意事项

- 若在旺季租车，应提前预约，预约时不用支付费用。
- 租车公司提供的一般为2~3年的新车，若提供车辆过于老旧，可要求更换。
- 交还车辆时，应和现场职员仔细确认车辆状况，以免以后的纠纷。

注意安全

留学生孤身一人在外，人生地不熟，安全问题就成了最重要的问题，这也是让留学生家长最为担心的问题。毋庸置疑，韩国是不少留学生理想的就学之地，韩国的治安状况虽然相对良好，但也不是净土，依然发生过针对留学生的抢劫、勒索等恶劣案件。因此留学生必须掌握一定的安全知识，规避隐藏的危险，防患于未然，既安远在千里之外的家人的心，也保障了自身的安全。

留学生应随身携带附有照片的证件，以防万一。

留学韩国的安全注意事项

住宿安全

- 应把重要文件如护照、签证、入学通知书、信用卡号码都影印下来，另存保管，以备万一。
- 睡前留意门窗是否关闭、瓦斯是否仍开着，屋内是否仍有明火。
- 使用完厨房不要忘记关闭瓦斯，如忘记关闭，则在关掉后立刻开窗，不可在瓦斯泄漏之后开灯或点燃任何明火。
- 在家时不应随意给陌生人开门，即使对方是女人也不要掉以轻心。
- 养成出门即锁门的习惯，即使是倒垃圾也不例外。
- 入住时就要留意逃生通道，可多走几次熟悉路线，以备自己在视线不明之时仍可顺利找到。
- 将火警及报警电话号码贴在电话边上。
- 如超过一星期不在家内，则可通知邮局及报馆停止投递信件和报纸。
- 出门之时可委托邻居代为巡视房屋内外。
- 若遇不明修理人员上门，可先电话询问房东，再做打算。

留学生也可通过网络通信软件与家人联系，如 skype、yy 语音等，注册后均可免费通话。

出行安全

- 出门在外身上不可携带大量现金，如有需要可携带信用卡。
- 遇到陌生人搭讪，可装作听不懂不予理会。
- 如治安状况不佳，夜间就尽量不要外出，若外出则最好结伴而行，如在校内，可乘坐校车或请校警护送。
- 尽量少涉足人员混杂之处，如路遇可疑人员，立刻走向人群密集之处。
- 少去嘈杂的娱乐场所，不要喝或吃陌生人递来的食物和饮料，离开自己视线的食物和饮料，不要再食用。
- 外出不要穿过于暴露的衣服。
- 外出观光时不要边走边看地图。
- 如时间过晚，就不要乘坐地铁，有需要时可乘坐出租车。
- 行车时，应将车门锁闭，上车时应查看车后座的情况，并观察周边有没有其他人接近。
- 回家开门前，应仔细查看周围情况，看看有没有陌生人。

为安全计，租住房屋时应请房主装置油烟警报器。

留学生在外遇险，总是抱着息事宁人的心态，即使被抢、被偷也并不报警，实际上这是错误的。有突发事件发生后，应尽量将损失减至最低，并用法律手段来维护自己的合法权益。在遇险之时，要沉着冷静，注意搜集证据，如损失财务，可向保险公司办理理赔。如遇到入室作案，则应保护好现场。

韩国排名前 80 所大学简介

每年有多个机构对大学进行排名，本章摘取了韩国最具权威性和影响力的教育组织 Quacquarelli Symonds 所发布的韩国大学排名。囊括了韩国综合类排名前 80 位的大学。分别从大学概况、学生人数、地址、网址、录取分数、学费及生活费几个方面对所列大学做以简介，便于读者选择。本章内所列内容可能有所变动，详细资料请按文中提供的网址至大学官方网站查询，本章数据仅供读者参考。

查表注意事项

●：表示需要

▲：表示有时需要

×：表示不需要

首尔大学 서울대학교(서울)

概况:成立于 1946 年的国立大学

学生人数:32000

地址:1 Gwanak-ro, Gwanak-gu, Seoul 151-742

网址:http://www.snu.ac.kr/

录取条件:

GPA	TOPIK	TOFEL	个人陈述	推荐信	作品
≥3.5	≥360	≥110	●	3	●

生活费:

	学费/年(韩元)	生活费用/年(韩元)
本科	4500000	7500000
研究生	5500000	7500000

KAIST 韩国科技院 카이스트(대전충남)

概况:成立于 1971 年的国立大学

学生人数:7415

地址:291 Daehak-ro(373-1 Guseong-dong), Yuseong-gu, Daejeon 305-701

网址:http://www.kaist.ac.kr/

录取条件:

GPA	TOPIK	TOFEL	个人陈述	推荐信	作品
≥3.5	≥360	≥110	●	3	●

生活费:

	学费/年(韩元)	生活费用/年(韩元)
本科	5500000	7500000
研究生	6500000	7500000

浦项工科大学 포항공대(대구경북)

概况:成立于 1986 年的私立大学

学生人数:6625

地址:77 Cheongam-Ro.Nam-Gu.Pohang.Gyeongbuk.Korea 790-784

网址:http://www.postech.ac.kr/

录取条件:

GPA	TOPIK	TOFEL	个人陈述	推荐信	作品
≥3.5	≥350	≥110	●	3	●

生活费:

	学费/年(韩元)	生活费用/年(韩元)
本科	5000000	7500000
研究生	6200000	7500000

延世大学 연세대학교(서울)

概况:成立于 1885 年的私立大学

学生人数:35554

地址:Room 217B, BaekyangHall, Yonsei University 50 Yonsei-ro, Seodaemun-gu, Seoul 120-749, Korea

网址:http://www.yonsei.ac.kr/eng/

录取条件:

GPA	TOPIK	TOFEL	个人陈述	推荐信	作品
≥3.5	≥330	≥100	●	3	●

生活费:

	学费/年(韩元)	生活费用/年(韩元)
本科	4721700	6000000
研究生	5300000	6000000

高丽大学 고려대학교(서울)

概况:成立于1905年的公立大学

学生人数:35720

地址:145, Anam-ro, Seongbuk-gu, Seoul, 136-701 Korea

网址:http://www.korea.ac.kr/

录取条件:

GPA	TOPIK	TOFEL	个人陈述	推荐信	作品
≥3.5	≥330	≥100	●	3	●

生活费:

	学费/年(韩元)	生活费用/年(韩元)
本科	3568000	6000000
研究生	4400000	6000000

西江大学 서강대학교(서울)

概况:成立于1960年的私立大学

学生人数:15097

地址:35 Baekbeom-ro, Mapo-gu, Seoul 121-742, Korea

网址:http://www.sogang.ac.kr/

录取条件:

GPA	TOPIK	TOFEL	个人陈述	推荐信	作品
≥3.5	≥300	≥98	●	3	●

生活费:

	学费/年(韩元)	生活费用/年(韩元)
本科	5100000	6000000
研究生	5800000	6000000

成均馆大学 성균관대학교(서울)

概况:成立于 1398 年的私立大学

学生人数:35044

地址:25-2, Sungkyunkwan-ro, Jongno-gu, Seoul 110-745, Korea

网址:http://www.skku.edu/

录取条件:

GPA	TOPIK	TOFEL	个人陈述	推荐信	作品
≥3.5	≥300	≥96	●	3	●

生活费:

	学费/年(韩元)	生活费用/年(韩元)
本科	4860000	6000000
研究生	5700000	6000000

汉阳大学 한양대학교(서울)

概况:成立于 1939 年的私立大学

学生人数:35489

地址:222 Wangslmni-ro,Seongdong-gu,Seoul 133-791,Korea

网址:http://www.hanyang.ac.kr/

录取条件:

GPA	TOPIK	TOFEL	个人陈述	推荐信	作品
≥3.5	≥300	≥100	●	3	●

生活费:

	学费/年(韩元)	生活费用/年(韩元)
本科	4059000	6000000
研究生	5200000	6000000

中央大学 중앙대학교(서울)

概况:成立于 1918 年的私立大学

学生人数:28423

地址:84 Heukseok-ro,Dongjak-gu,Seoul,Korea

网址:http://neweng.cau.ac.kr/

录取条件:

GPA	TOPIK	TOFEL	个人陈述	推荐信	作品
≥3.5	≥300	≥100	●	3	●

生活费:

	学费/年(韩元)	生活费用/年(韩元)
本科	4200000	6000000
研究生	4900000	6000000

庆熙大学 경희대학교(서울)

概况:成立于 1949 年的私立大学

学生人数:33776

地址:26 Kyungheedae-ro, Dongdaemun-gu, Seoul, 130–701, Korea

网址:http://www.khu.ac.kr/

录取条件:

GPA	TOPIK	TOFEL	个人陈述	推荐信	作品
≥3.5	≥300	≥105	●	3	●

生活费:

	学费/年(韩元)	生活费用/年(韩元)
本科	4500000	6000000
研究生	5090000	6000000

韩国外国语大学 한국외국어대학교(서울)

概况：成立于1954年的私立大学

学生人数：18403

地址：107, Imun-ro, Dongdaemun-gu, Seoul, 130-791, Korea

网址：http://hufs.ac.kr/eng/

录取条件：

GPA	TOPIK	TOFEL	个人陈述	推荐信	作品
≥3.5	≥330	≥110	●	3	●

生活费：

	学费/年(韩元)	生活费用/年(韩元)
本科	3946000	6000000
研究生	4230000	6000000

首尔市立大学 서울시립대학교(서울)

概况：成立于1918年的国立大学

学生人数：14191

地址：University of Seoul 163 Siripdaero (90 Jeonnong-dong), Dongdaemun-gu, Seoul 130-743 KOREA

网址：http://english.uos.ac.kr/

录取条件：

GPA	TOPIK	TOFEL	个人陈述	推荐信	作品
≥3.5	≥300	≥200	●	3	●

生活费：

	学费/年(韩元)	生活费用/年(韩元)
本科	3100000	6000000
研究生	3900000	6000000

梨花女子大学 이화여자대학교(서울)

概况:成立于 1887 年的私立大学

学生人数:22306

地址:52, Ewhayeodae-gil, Seodaemun-gu, Seoul 120–750 Korea

网址:http://www.ewha.ac.kr/

录取条件:

GPA	TOPIK	TOFEL	个人陈述	推荐信	作品
≥3.5	≥300	≥200	●	3	●

生活费:

	学费/年(韩元)	生活费用/年(韩元)
本科	3294200	6000000
研究生	4325000	6000000

建国大学 건국대학교(서울)

概况:成立于 1946 年的私立大学

学生人数:25979

地址:120 Neungdong-ro, Gwangjin-gu, Seoul 143–701, South Korea

网址:http://www.konkuk.ac.kr/

录取条件:

GPA	TOPIK	TOFEL	个人陈述	推荐信	作品
≥3.5	≥300	≥90	●	3	●

生活费:

	学费/年(韩元)	生活费用/年(韩元)
本科	3250000	6000000
研究生	4090000	6000000

东国大学 동국대학교(서울)

概况：成立于 1906 年的国立大学

学生人数：26555

地址：30，Pildong-ro 1-gil,Jung-gu,Seoul,100–715,Korea

网址：http://www.dongguk.edu/

录取条件：

GPA	TOPIK	TOFEL	个人陈述	推荐信	作品
≥3.4	≥310	≥108	●	3	●

生活费：

	学费/年（韩元）	生活费用/年（韩元）
本科	4950000	6000000
研究生	5670000	6000000

釜山大学 부산대학교(부산)

概况：成立于 1946 年的国立大学

学生人数：25000

地址：2-Busandaehak-ro,63beon-gil,Qeutnjeong-gu,Busan 609–735,Korea

网址：http://www.pusan.ac.kr/

录取条件：

GPA	TOPIK	TOFEL	个人陈述	推荐信	作品
≥3.0	≥290	≥90	●	3	●

生活费：

	学费/年（韩元）	生活费用/年（韩元）
本科	4600000	3800000
研究生	5600000	3800000

仁荷大学 인하대학교(인천경기)

概况:成立于 1954 年的私立大学

学生人数:21762

地址:INHA WNIVERSITY,100 inharo-gu Incheon 402-75,Korea

网址:http://www.inha.ac.kr/

录取条件:

GPA	TOPIK	TOFEL	个人陈述	推荐信	作品
≥3.0	≥280	≥80	●	3	●

生活费:

	学费/年(韩元)	生活费用/年(韩元)
本科	1180000	4000000
研究生	2090000	4000000

庆北大学 경북대학교(대구경북)

概况:成立于 1946 年的国立大学

学生人数:34810

地址:80 Daehakro, Bukgu, Daegu, 702-701, Korea

网址:http://en.knu.ac.kr/

录取条件:

GPA	TOPIK	TOFEL	个人陈述	推荐信	作品
≥3.0	≥300	≥90	●	3	●

生活费:

	学费/年(韩元)	生活费用/年(韩元)
本科	2600000	6000000
研究生	3180000	6000000

弘益大学 홍익대학교(서울)

概况:成立于 1946 年的私立大学

学生人数:16887

地址:94Wausan-ro,Mapo-gu,Seoul,121-791,Korea

网址:http://home.hongik.ac.kr/

录取条件:

GPA	TOPIK	TOFEL	个人陈述	推荐信	作品
≥3.0	≥300	≥90	●	3	●

生活费:

	学费/年(韩元)	生活费用/年(韩元)
本科	4800000	6000000
研究生	5300000	6000000

亚洲大学 아주대학교(인천경기)

概况:成立于 1973 年的私立大学

学生人数:13168

地址:Ajou University,206,World cup -ro,Yeongtong -gu,Suwon -sl,Gyeonggl -do 443-749,Korea

网址:http://www.ajou.ac.kr/

录取条件:

GPA	TOPIK	TOFEL	个人陈述	推荐信	作品
≥2.8	≥270	≥80	●	3	●

生活费:

	学费/年(韩元)	生活费用/年(韩元)
本科	3743000	3800000
研究生	4260000	3800000

韩国航天大学 한국항공대학교(인천경기)

概况：成立于 1950 年的国立大学

学生人数：120000

地址：76, Hanggongdaehang-ro, Deogyang-gu, Goyang-sl, Gyeonggi-do 412-791, Korea

网址：http://www.hangkong.ac.kr/

录取条件：

GPA	TOPIK	TOFEL	个人陈述	推荐信	作品
≥3.3	≥300	≥100	●	3	●

生活费：

	学费/年（韩元）	生活费用/年（韩元）
本科	4230000	6000000
研究生	5090000	6000000

崇实大学 송실대학교(서울)

概况：成立于 1897 年的国立大学

学生人数：15376

地址：Soongsil University 369 Sangdo-Ro, Dongjak-Gu, Seoul, Korea（156-743）

网址：http://www.ssu.ac.kr/

录取条件：

GPA	TOPIK	TOFEL	个人陈述	推荐信	作品
≥2.9	≥270	≥80	●	3	●

生活费：

	学费/年（韩元）	生活费用/年（韩元）
本科	1500000	6000000
研究生	2300000	6000000

国民大学 국민대학교(서울)

概况:成立于 1946 年的私立大学

学生人数:17643

地址:Kookmin University,77, Jeongneung–Ro,Seongrlk–Gu,Seoul,

136–702,Korea

网址:http://www.kookmin.ac.kr/

录取条件:

GPA	TOPIK	TOFEL	个人陈述	推荐信	作品
≥3.0	≥300	≥100	●	3	●

生活费:

	学费/年(韩元)	生活费用/年(韩元)
本科	8143556	6000000
研究生	8560000	6000000

檀国大学 단국대학교(인천경기)

概况:成立于 1947 年的私立大学

学生人数:26550

地址:152, Jukjeon-ro, Suji-gu, Yongin-si, Gyeonggi-do, 448–701, Korea

网址:http://www.dankook.ac.kr/

录取条件:

GPA	TOPIK	TOFEL	个人陈述	推荐信	作品
≥3.0	≥320	≥110	●	3	●

生活费:

	学费/年(韩元)	生活费用/年(韩元)
本科	5225000	3800000
研究生	5700000	3800000

韩东大学 한동대학교(대구경북)

概况：成立于1994年的私立大学

学生人数：3688

地址：791-708 Hondong Globol University,Heunghoe-eup,Buk-gu,Pohang-si, Gyeongbuk,Korea

网址：http://www.han.ac.kr/

录取条件：

GPA	TOPIK	TOFEL	个人陈述	推荐信	作品
≥3.0	≥310	≥100	●	3	●

生活费：

	学费/年(韩元)	生活费用/年(韩元)
本科	2280000	4700000
研究生	3530000	4700000

淑明女子大学 숙명여자대학교(서울)

概况：成立于1906年的私立大学

学生人数：15803

地址：Sookmyung Women's University,Cheongpa-ro 47-fil 100 (Cheongpa-dong 2ga),Youngsan-fu,Seoul,140-742,Korea

网址：http://www.sookmyung.ac.kr/

录取条件：

GPA	TOPIK	TOFEL	个人陈述	推荐信	作品
≥3.5	≥340	≥100	●	3	●

生活费：

	学费/年(韩元)	生活费用/年(韩元)
本科	3790000	6000000
研究生	4070000	6000000

世宗大学 세종대학교(서울)

概况:成立于 1940 年的私立大学

学生人数:12173

地址:98 Gunja-Dong,Gwanglin-Gu,Seoul,143–747 Republic of korea

网址:http://www.sejong.ac.kr/

录取条件:

GPA	TOPIK	TOFEL	个人陈述	推荐信	作品
≥3.0	≥330	≥100	●	3	●

生活费:

	学费/年(韩元)	生活费用/年(韩元)
本科	4620000	6000000
研究生	5380000	6000000

全南大学 전남대학교(광주전남)

概况:成立于 1952 年的国立大学

学生人数:24624

地址:77 Yongbong-ro, Buk-gu, Gwangju 500–757, Korea

网址:http://www.jnu.ac.kr/

录取条件:

GPA	TOPIK	TOFEL	个人陈述	推荐信	作品
≥3.1	≥300	≥90	●	3	●

生活费:

	学费/年(韩元)	生活费用/年(韩元)
本科	2034000	4700000
研究生	3790000	4700000

首尔产业大学 서울산업대학교(서울)

概况：成立于1910年的国立大学

学生人数：13463

地址：232 Gongneung-ro, Nowon-gu, Seoul, 139-743, korea

网址：http://www.snut.ac.kr/

录取条件：

GPA	TOPIK	TOFEL	个人陈述	推荐信	作品
≥3.0	≥300	≥100	●	3	●

生活费：

	学费/年(韩元)	生活费用/年(韩元)
本科	5116000	6000000
研究生	5900000	6000000

忠南大学 충남대학교(대전충남)

概况：成立于1952年的国立大学

学生人数：31916

地址：99 Dehak-ro,Yuseong-gu,Daejeon 305-764,Korea

网址：http://cnu.ac.kr/

录取条件：

GPA	TOPIK	TOFEL	个人陈述	推荐信	作品
≥3.0	≥320	≥90	●	3	●

生活费：

	学费/年(韩元)	生活费用/年(韩元)
本科	2600000	3800000
研究生	4800000	3800000

光云大学 광운대학교(서울)

概况:成立于 1934 年的私立大学

学生人数:9360

地址:Room 210, Hwado-Building, Kwangwoon University,Korea

网址:http://www.kw.ac.kr/

录取条件:

GPA	TOPIK	TOFEL	个人陈述	推荐信	作品
≥3.1	≥330	≥110	●	3	●

生活费:

	学费/年(韩元)	生活费用/年(韩元)
本科	7800000	6000000
研究生	8000000	6000000

明知大学 명지대학교(서울)

概况:成立于 1948 年的私立大学

学生人数:15646

地址:Office of International affairs, Myongji University, 34 Gebukgol road, Seodaemun-Gu, Seoul, 120–728, Korea

网址:http://www.mju.ac.kr/

录取条件:

GPA	TOPIK	TOFEL	个人陈述	推荐信	作品
≥3.0	≥310	≥100	●	3	●

生活费:

	学费/年(韩元)	生活费用/年(韩元)
本科	4290000	6000000
研究生	5070000	6000000

忠北大学 충북대학교(충북)

概况: 成立于 1951 年的国立大学

学生人数: 18891

地址: 410 Seongbong-ro, Heungdeok-gu, Cheongju Chungbuk 361–763, Korea

网址: http://www.chungbuk.ac.kr/

录取条件:

GPA	TOPIK	TOFEL	个人陈述	推荐信	作品
≥3.5	≥300	≥200	●	3	●

生活费:

	学费/年(韩元)	生活费用/年(韩元)
本科	3834300	3800000
研究生	3794000	3800000

诚信女子大学 성신여자대학교(서울)

概况: 成立于 1936 年的私立大学

学生人数: 11425

地址: Sungshin Women's Univ.,Dongseon-dong 3-ga,seongbuk-gu,Seoul,Korea

网址: http://www.sungshin.ac.kr/

录取条件:

GPA	TOPIK	TOFEL	个人陈述	推荐信	作品
≥3.2	≥330	≥100	●	3	●

生活费:

	学费/年(韩元)	生活费用/年(韩元)
本科	1250000	6000000
研究生	2390000	6000000

祥明大学 상명대학교(서울)

概况:成立于 1937 年的私立大学

学生人数:7940

地址:Sangmyung University,7 Hongji–Dong Hongno-gu,Seoul(110–743),Korea

网址:http://www.smu.ac.kr/

录取条件:

GPA	TOPIK	TOFEL	个人陈述	推荐信	作品
≥3.2	≥320	≥90	●	3	●

生活费:

	学费/年(韩元)	生活费用/年(韩元)
本科	8842923	6000000
研究生	9020000	6000000

加图立大学 가톨릭대학교(서울)

概况:成立于 1855 年的私立大学

学生人数:20000

地址:296–12 Changgyeonggung-ro, Jongno-gu, Seoul 110–758, Republic of Korea

网址:http://www.cuk.ac.kr/

录取条件:

GPA	TOPIK	TOFEL	个人陈述	推荐信	作品
≥3.0	≥300	≥100	●	3	●

生活费:

	学费/年(韩元)	生活费用/年(韩元)
本科	3052000	4700000
研究生	4537000	4700000

东德女子大学 동덕여자대학교(서울)

概况：成立于 1950 年的国立大学

学生人数：10000

地址：(136–714)60 Hwarang-ro 13-gil, Seongbuk-gu, Seoul, Korea

网址：http://www.dongduk.ac.kr/

录取条件：

GPA	TOPIK	TOFEL	个人陈述	推荐信	作品
≥3.3	≥330	≥110	●	3	●

生活费：

	学费/年(韩元)	生活费用/年(韩元)
本科	1800000	6000000
研究生	3200000	6000000

京畿大学 경기대학교 (인천경기)

概况：成立于 1947 年的公立大学

学生人数：17000

地址：San 94–6 Iui-dong, Yeongtong-gu, Suwon-si, Gyeonggi-do, Republic of Korea 443–760

网址：http://www.kyonggi.ac.kr/

录取条件：

GPA	TOPIK	TOFEL	个人陈述	推荐信	作品
≥2.9	≥300	≥90	●	3	●

生活费：

	学费/年(韩元)	生活费用/年(韩元)
本科	7225000	3800000
研究生	8030000	3800000

韩国技术教育大学 한국기술교육대학교(대전충남)

概况：成立于 1991 年的私立大学

学生人数：4120

地址：(330-708)1600 Chungjeolno, Byeongchunmyun, Cheonan, Chungnam, Rep. of Korea

网址：http://www.koreatech.ac.kr/

录取条件：

GPA	TOPIK	TOFEL	个人陈述	推荐信	作品
≥3.0	≥310	≥90	●	3	●

生活费：

	学费/年(韩元)	生活费用/年(韩元)
本科	2360000	3800000
研究生	3370000	3800000

德成女子大学 덕성여자대학교(서울)

概况：成立于 1920 年的公立大学

学生人数：5720

地址：33,Samyangro 144-gil,(419 Ssangmun Dong),Dobong Gu,Seoul 132-714, Korea

网址：http://www.duksung.ac.kr/

录取条件：

GPA	TOPIK	TOFEL	个人陈述	推荐信	作品
≥3.0	≥300	≥100	●	3	●

生活费：

	学费/年(韩元)	生活费用/年(韩元)
本科	3200000	6000000
研究生	3890000	6000000

首尔女子大学 서울여자대학교(서울)

概况:成立于 19761 年的私立大学

学生人数:6828

地址:139-774 621 Hwarangro,Nowon-Gu,Seoul,Korea

网址:http://www.swu.ac.kr/index.jsp/

录取条件:

GPA	TOPIK	TOFEL	个人陈述	推荐信	作品
≥3.0	≥300	≥100	●	3	●

生活费:

	学费/年(韩元)	生活费用/年(韩元)
本科	4800000	6000000
研究生	5000000	6000000

暻园大学 경원대학교(인천경기)

概况:成立于 1982 年的公立大学

学生人数:14076

地址:Kyungwon University, Gyeonggi-do, Korea

网址:www.kyungwon.ac.kr

录取条件:

GPA	TOPIK	TOFEL	个人陈述	推荐信	作品
≥3.2	≥310	≥110	●	3	●

生活费:

	学费/年(韩元)	生活费用/年(韩元)
本科	3027000	6000000
研究生	4530000	6000000

韩国海洋大学 한국해양대학교(부산경남)

概况：成立于 1945 年的国立大学

学生人数：6000

地址：27 Taejong-ro, Yeongdo-Gu, Busan 606-791, South Korea

网址：http://www.hhu.ac.kr/

录取条件：

GPA	TOPIK	TOFEL	个人陈述	推荐信	作品
≥3.0	≥300	≥100	●	3	●

生活费：

	学费/年(韩元)	生活费用/年(韩元)
本科	8330000	3800000
研究生	9000000	3800000

韩国艺术综合大学 한국예술종합대학교(서울)

概况：成立于 1991 年的国立大学

学生人数：10000

地址：Korea National University of Arts, South Korea

网址：http://www.karts.ac.kr/

录取条件：

GPA	TOPIK	TOFEL	个人陈述	推荐信	作品
≥3.2	≥330	≥100	●	3	●

生活费：

	学费/年(韩元)	生活费用/年(韩元)
本科	1890000	6000000
研究生	2250000	6000000

韩国体育大学 한국체육대학교(서울)

概况:成立于 1976 年的国立大学

学生人数:4500

地址:1239, YangJae, Songpa-gu, Seoul, 138-763, Korea

网址:http://www.knsu.ac.kr/

录取条件:

GPA	TOPIK	TOFEL	个人陈述	推荐信	作品
≥2.7	≥280	▲	●	3	●

生活费:

	学费/年(韩元)	生活费用/年(韩元)
本科	1740000	6000000
研究生	2800000	6000000

仁川大学 인천대학교(인천경기)

概况:成立于 1979 年的国立大学

学生人数:12334

地址:(Songdo-dong) 119Academy-ro. Yeonsu-gu, Incheon, Korea

网址:http://www.incheon.ac.kr/

录取条件:

GPA	TOPIK	TOFEL	个人陈述	推荐信	作品
≥3.0	≥330	≥100	●	3	●

生活费:

	学费/年(韩元)	生活费用/年(韩元)
本科	2600000	4800000
研究生	3500000	4800000

韩国产业技术大学 한국산업기술대학교(인천경기)

概况：成立于1998年的私立大学

学生人数：6272

地址：429-793 237, Sangidaehak-ro, Siheung-si, Gyeonggi-do, Korea

网址：http://www.kpu.ac.kr/

录取条件：

GPA	TOPIK	TOFEL	个人陈述	推荐信	作品
≥3.1	≥300	▲	●	3	●

生活费：

	学费/年(韩元)	生活费用/年(韩元)
本科	9000000	3800000
研究生	9100000	3800000

釜庆大学 부경대학교(부산경남)

概况：成立于1996年的国立大学

学生人数：27954

地址：Daeyeon Campus (608-737)45, Yongso-ro, Nam-Gu. Busan, Korea Yongdang Campus(608-739)365, Sinseon-ro, Nam-Gu, Busan, Korea

网址：http://www.pknu.ac.kr/

录取条件：

GPA	TOPIK	TOFEL	个人陈述	推荐信	作品
≥3.0	≥310	≥100	●	3	●

生活费：

	学费/年(韩元)	生活费用/年(韩元)
本科	2095000	3800000
研究生	3100000	3800000

全北大学 전북대학교(전북)

概况:成立于1947年的国立大学

学生人数:44998

地址:567 Baekje-doero, deokjin-fu, Jeonju.si, Jeollabuk-do 561-756 Republic of Korea

网址:http://www.jbnu.ac.kr/

录取条件:

GPA	TOPIK	TOFEL	个人陈述	推荐信	作品
≥3.0	≥300	▲	●	3	●

生活费:

	学费/年(韩元)	生活费用/年(韩元)
本科	5000000	4600000
研究生	5800000	4600000

江源大学 강원대학교(강원)

概况:成立于1947年的国立大学

学生人数:23881

地址:1 Kangwondaehak-gil, Chuncheon-si, Gangwon-do, 200-701 Republic of Korea

网址:http://www.kangwon.ac.kr/

录取条件:

GPA	TOPIK	TOFEL	个人陈述	推荐信	作品
≥3.0	≥310	▲	●	3	●

生活费:

	学费/年(韩元)	生活费用/年(韩元)
本科	2200000	3700000
研究生	3000000	3700000

济州大学 제주대학교(제주)

概况：成立于 1952 年的国立大学

学生人数：10133

地址：eju National University, 102 Jejudaehakno, Jeju-si, Jeju Special Self-Governing Province Republic of Korea 690-756

网址：http://www.jejunu.ac.kr/

录取条件：

GPA	TOPIK	TOFEL	个人陈述	推荐信	作品
≥3.0	≥300	▲	●	3	●

生活费：

	学费/年(韩元)	生活费用/年(韩元)
本科	1200000	3400000
研究生	1200000	3400000

蔚山大学 울산대학교(부산경남)

概况：成立于 1969 年的私立大学

学生人数：18500

地址：Université de Strasbourg 4 rue Blaise Pascal CS 90032 F-67081 Strasbourg cedex

网址：http://www.ulsan.ac.kr/

录取条件：

GPA	TOPIK	TOFEL	个人陈述	推荐信	作品
≥3.5	≥300	▲	●	3	●

生活费：

	学费/年(韩元)	生活费用/年(韩元)
本科	4260000	4200000
研究生	4260000	4200000

庆尚大学 경상대학교(부산경남)

概况：成立于 1948 年的国立大学

学生人数：24332

地址：Gyeongsang National University 900 Gajwa-dong, Jinju, Korea 660-701

网址：http://www.gnu.ac.kr/

录取条件：

GPA	TOPIK	TOFEL	个人陈述	推荐信	作品
≥3.0	≥300	▲	●	3	●

生活费：

	学费/年(韩元)	生活费用/年(韩元)
本科	4600000	4300000
研究生	5100000	4300000

金乌工科大学 금오공과대학교(대구경북)

概况：成立于 1979 年的国立大学

学生人数：10600

地址：Daehak-ro 61 (yangho-dong), Gumi, Gyeongbuk 730-701, Korea

网址：http://www.kumoh.ac.kr/

录取条件：

GPA	TOPIK	TOFEL	个人陈述	推荐信	作品
≥3.0	≥310	▲	●	3	●

生活费：

	学费/年(韩元)	生活费用/年(韩元)
本科	4000000	4300000
研究生	4300000	4300000

岭南大学 영남대학교(대구경북)

概况:成立于 1967 年的私立大学

学生人数:39418

地址:280 Daehak-Ro, Gyeongsan, Gyeongbuk 712-749, Republic of Korea(712-749 Korea)

网址:http://www.yu.ac.kr/

录取条件:

GPA	TOPIK	TOFEL	个人陈述	推荐信	作品
≥3.0	≥310	▲	●	3	●

生活费:

	学费/年(韩元)	生活费用/年(韩元)
本科	3476000	4300000
研究生	4886000	4300000

汉城大学 한성대학교(서울)

概况:成立于 1978 年的私立大学

学生人数:1230

地址:116 Sanmseonguyoro-16gil, Seongbuk-Gu, Seoul 136-792 Korea

网址:http://www.hansung.ac.kr/

录取条件:

GPA	TOPIK	TOFEL	个人陈述	推荐信	作品
≥3.2	≥300	≥100	●	3	●

生活费:

	学费/年(韩元)	生活费用/年(韩元)
本科	5600000	6000000
研究生	6200000	6000000

昌源大学 창원대학교(부산경남)

概况：成立于 1969 年的国立大学

学生人数：10881

地址：20 Changwondaehak-ro Uichang-gu Changwon-si, Gyeongsangnam-do 641-773 Korea

网址：http://www.changwon.ac.kr/

录取条件：

GPA	TOPIK	TOFEL	个人陈述	推荐信	作品
≥3.0	≥300	▲	●	3	●

生活费：

	学费/年(韩元)	生活费用/年(韩元)
本科	3000000	4300000
研究生	3000000	4300000

东亚大学 동아대학교(부산경남)

概况：成立于 1946 年的私立大学

学生人数：20000

地址：Dong-A University, 37 Nakdong-Daero 550beon-gil saha-gu, Busan, Korea

网址：http://www.donga.ac.kr/

录取条件：

GPA	TOPIK	TOFEL	个人陈述	推荐信	作品
≥3.5	≥300	≥200	●	3	●

生活费：

	学费/年(韩元)	生活费用/年(韩元)
本科	174~280	3800000
研究生	174~280	3800000

公州大学 공주대학교(대전충남)

概况：成立于 1948 年的国立大学

学生人数：17000

地址：56 Gongjudaehak-ro Gongju-si, Chungcheongnam-do, 314~701, Republic of Korea

网址：http://www.kongju.ac.kr/

录取条件：

GPA	TOPIK	TOFEL	个人陈述	推荐信	作品
≥3.0	≥300	▲	●	3	●

生活费：

	学费/年(韩元)	生活费用/年(韩元)
本科	1700000	3800000
研究生	2400000	3800000

庆星大学 경성대학교(부산경남)

概况：成立于 1955 年的私立大学

学生人数：17988

地址：314-79, Daeyeon-Dong, Nam-Gu, Busan 608-736, Republic of Korea

网址：http://ks.ac.kr/

录取条件：

GPA	TOPIK	TOFEL	个人陈述	推荐信	作品
≥3.2	≥300	▲	●	3	●

生活费：

	学费/年(韩元)	生活费用/年(韩元)
本科	7268333	3800000
研究生	8040000	3800000

西京大学 서경대학교(서울)

概况:成立于1947年的私立大学

学生人数:15000

地址:6-1 Jungneung-Dong Sungbuk-Ku Seoul, 136-704 Korea

网址:http://www.skuniv.ac.kr/

录取条件:

GPA	TOPIK	TOFEL	个人陈述	推荐信	作品
≥3.0	≥300	▲	●	3	●

生活费:

	学费/年(韩元)	生活费用/年(韩元)
本科	3880000	6000000
研究生	4320000	6000000

顺天乡大学 순천향대학교(대전충남)

概况:成立于1978年的私立大学

学生人数:11000

地址:646 Eupnae-ri, Shinchang-myeon, Asan-si, Souht Korea

网址:http://www.sch.ac.kr/

录取条件:

GPA	TOPIK	TOFEL	个人陈述	推荐信	作品
≥3.1	≥300	▲	●	3	●

生活费:

	学费/年(韩元)	生活费用/年(韩元)
本科	4000000	3800000
研究生	4820000	3800000

三育大学 삼육대학교(서울)

概况:成立于 1906 年的私立大学

学生人数:7328

地址:(kongnung 2–dong 26–21)Hwarangro-815 nowon-gu. Seoul 139–742. Korea

网址:http://www.syu.ac.kr/

录取条件:

GPA	TOPIK	TOFEL	个人陈述	推荐信	作品
≥3.1	≥300	≥100	●	3	●

生活费:

	学费/年(韩元)	生活费用/年(韩元)
本科	6017700	6000000
研究生	7350000	6000000

圣公会大学 성공회대학교(서울)

概况:成立于 1914 年的私立大学

学生人数:5000

地址:Sungkonghoe University, Seoul Korea

网址:http://www.skhu.ac.kr/

录取条件:

GPA	TOPIK	TOFEL	个人陈述	推荐信	作品
≥3.2	≥320	≥110	●	3	●

生活费:

	学费/年(韩元)	生活费用/年(韩元)
本科	6977333	6000000
研究生	7852000	6000000

仁济大学 인제대학교(부산경남)

概况:成立于 1983 年的私立大学

学生人数:11771

地址:197 Inje-ro Gimhae-si, Gyeongsangnam-Do, 621-749, Korea

网址:http://www.inje.ac.kr/

录取条件:

GPA	TOPIK	TOFEL	个人陈述	推荐信	作品
≥3.0	≥300	▲	●	3	●

生活费:

	学费/年(韩元)	生活费用/年(韩元)
本科	8066000	4300000
研究生	8900000	4300000

启明大学 계명대학교(대구경북)

概况:成立于 1956 年的私立大学

学生人数:23385

地址:1095 Dalgubeol-daero, Daegu 704-701, Korea

网址:http://www.kmu.ac.kr/

录取条件:

GPA	TOPIK	TOFEL	个人陈述	推荐信	作品
≥3.1	≥310	≥98	●	3	●

生活费:

	学费/年(韩元)	生活费用/年(韩元)
本科	4400000	4700000
研究生	5190000	4700000

韩巴大学 한밭대학교(대전충남)

概况:成立于 1927 年的国立大学

学生人数:12000

地址:125 Dongseodaero, Yuseong-gu, Daejeon 305-719, Korea

网址:http://www.hanbat.ac.kr/

录取条件:

GPA	TOPIK	TOFEL	个人陈述	推荐信	作品
≥2.9	≥300	▲	●	3	●

生活费:

	学费/年(韩元)	生活费用/年(韩元)
本科	1979000	4600000
研究生	2510000	4600000

嘉泉医科大学 가천의과대학교(인천경기)

概况:成立于 1939 年的私立大学

学生人数:4500

地址:Vision Tower 252, Gachon University, 1342 SeongnamDaero, Sujeong-gu, Seongnam-si, Gyeonggi-do

网址:http://www.gachon.ac.kr/

录取条件:

GPA	TOPIK	TOFEL	个人陈述	推荐信	作品
≥3.0	≥300	≥2100	●	3	●

生活费:

	学费/年(韩元)	生活费用/年(韩元)
本科	3800000	3800000
研究生	4000000	3800000

水原大学 수원대학교(인천경기)

概况:成立于 1982 年的私立大学

学生人数:7170

地址:445-743 San 2-2 Wau-ri, Bongdam-eup, Hwaseong-si, Gyeonggl-do, Korea

网址:http://www.suwon.ac.kr/

录取条件:

GPA	TOPIK	TOFEL	个人陈述	推荐信	作品
≥3.1	≥310	≥100	●	3	●

生活费:

	学费/年(韩元)	生活费用/年(韩元)
本科	5360000	6000000
研究生	6600000	6000000

翰林大学 한림대학교(강원)

概况:成立于 1982 年的私立大学

学生人数:8123

地址:Hallym University 1 Hallymdaehak-gil, Chuncheon, Gangwon-do, 200-702 Kore

网址:http://www.hallym.ac.kr/

录取条件:

GPA	TOPIK	TOFEL	个人陈述	推荐信	作品
≥3.5	≥300	≥200	●	3	●

生活费:

	学费/年(韩元)	生活费用/年(韩元)
本科	1560000	4600000
研究生	2280000	4600000

江南大学 강남대학교(인천경기)

概况:成立于 1946 年的私立大学

学生人数:7780

地址:40 Gangham-ro, Giheung-gu, Yongin-si, Gyeonggi-do 446-702 Korea

网址:http://www.kangnam.ac.kr/

录取条件:

GPA	TOPIK	TOFEL	个人陈述	推荐信	作品
≥3.1	≥320	≥100	●	3	●

生活费:

	学费/年(韩元)	生活费用/年(韩元)
本科	2951000	6000000
研究生	3467000	6000000

东义大学 동의대학교(부산경남)

概况:成立于 1978 年的私立大学

学生人数:15974

地址:Dong-eui University 176 Eomgwangno Busan-jin-gu, Busan 614-714, Korea

网址:http://www.deu.ac.kr/

录取条件:

GPA	TOPIK	TOFEL	个人陈述	推荐信	作品
≥3.0	≥290	≥90	●	3	●

生活费:

	学费/年(韩元)	生活费用/年(韩元)
本科	6683333	3800000
研究生	7190000	3800000

韩南大学 한남대학교(대전충남)

概况:成立于 1956 年的私立大学

学生人数:18610

地址:133 Ojeong-dong,Daedeok-Gu,Daejeon 306–791,Korea

网址:http://www.hannam.ac.kr/

录取条件:

GPA	TOPIK	TOFEL	个人陈述	推荐信	作品
≥3.0	≥300	▲	●	3	●

生活费:

	学费/年(韩元)	生活费用/年(韩元)
本科	3240000	3800000
研究生	4197000	3800000

CHA 医科大学 CHA 의과대학교 (인천경기)

概况:成立于 1996 年的私立大学

学生人数:10000

地址:198–1Donggyo-dong, Pocheon,Gyeongghi-do 222 Yatap-dong,Bundang-gu,Seongnam-shi, Gyeongghi-do

网址:http://en.cha.ac.kr/

录取条件:

GPA	TOPIK	TOFEL	个人陈述	推荐信	作品
≥3.3	≥320	≥110	●	3	●

生活费:

	学费/年(韩元)	生活费用/年(韩元)
本科	7704900	4300000
研究生	8000000	4300000

忠州大学 충주대학교(충북)

概况:成立于1945年的国立大学

学生人数:9309

地址:50 Daehak-ro, Chungju-si, Chungbuk 380-702, Repulic of Korea

网址:http://www.ut.ac.kr/

录取条件:

GPA	TOPIK	TOFEL	个人陈述	推荐信	作品
≥3.0	≥300	▲	●	3	●

生活费:

	学费/年(韩元)	生活费用/年(韩元)
本科	2240000	3800000
研究生	3750000	3800000

釜山外国语大学 부산외국어대학교(부산경남)

概况:成立于1981年的私立大学

学生人数:7000

地址:608-738, 15 Seokpo-ro, Busan, South Korea

网址:http://www.pufs.ac.kr/

录取条件:

GPA	TOPIK	TOFEL	个人陈述	推荐信	作品
≥3.1	≥300	≥110	●	3	●

生活费:

	学费/年(韩元)	生活费用/年(韩元)
本科	4610000	4800000
研究生	5330000	4800000

大真大学 대진대학교(인천경기)

概况：成立于1992年的私立大学

学生人数：7870

地址：487-711 Sundan Phochon, Kyunggldo, Korea

网址：http://www.daejin.ac.kr/

录取条件：

GPA	TOPIK	TOFEL	个人陈述	推荐信	作品
≥3.0	≥300	▲	●	3	●

生活费：

	学费/年（韩元）	生活费用/年（韩元）
本科	4310000	3800000
研究生	5760000	3800000

安阳大学 안양대학교(인천경기)

概况：成立于1948年的私立大学

学生人数：18500

地址：708-113 Anyang S-dong, Manan-gu, Anyang-shi, Kyonggl-do, 430-714, Korea

网址：http://www.anyang.ac.kr/

录取条件：

GPA	TOPIK	TOFEL	个人陈述	推荐信	作品
≥3.0	≥300	▲	●	3	●

生活费：

	学费/年（韩元）	生活费用/年（韩元）
本科	8095000	3800000
研究生	8870000	3800000

平泽大学 평택대학교(인천경기)

概况:成立于 1912 年的私立大学

学生人数:3648

地址:Pyongtaek Univ., Yongi-dong, Pyeongtaek-si, Gyeonggi-do, Korea

网址:http://www.ptu.ac.kr/

录取条件:

GPA	TOPIK	TOFEL	个人陈述	推荐信	作品
≥3.0	≥300	▲	●	3	●

生活费:

	学费/年(韩元)	生活费用/年(韩元)
本科	8006700	3800000
研究生	8760000	3800000

乙支大学 을지대학교(대전충남)

概况:成立于 1967 年的私立大学

学生人数:11500

地址:Eulji Univ., Yangji-dong, Sujeong-gu, Seongnam-si, Gyeonggi-do, Korea

网址:http://www.eu.ac.kr/

录取条件:

GPA	TOPIK	TOFEL	个人陈述	推荐信	作品
≥3.0	≥300	▲	●	3	●

生活费:

	学费/年(韩元)	生活费用/年(韩元)
本科	8685000	3800000
研究生	9020000	3800000

留学韩国常用网站一览

留学生常用网站很多，涵盖各个方面，仅购买机票就有如查询、购票、资讯等不同网站为用户提供服务，这里只列举几个网站，希望能对读者有所帮助。

订购机票常用网站

http://www.ctrip.com/

携程网，是国内较大的订票网站，只需输入出发地、目的地及出发、到达的时间，即可搜寻到国内相关航班，且常有较低折扣。

http://www.lastminute.com/

可帮助用户搜索折扣较低的机票，部分旅行社也从此处购票。

http://cn.skyscanner.com

主要提供韩国境内或境外的机票购买服务，留学生可登录网站输入国家、城市进行搜索。

留学生活常用网址

http://www.korea.net/News/News/LangTodayNews.asp?lang_no=1

大韩民国政府官方网站

http://www.immigration.go.kr/

大韩民国出入境管理局官方网站

http://english.customs.go.kr/hp/eng/main/index.html

大韩民国关税厅官方网站

http://www.nso.go.kr/eng/

大韩民国统计厅官方网站

http://www.homestaykorea.com/2002_01/main.php

韩国寄宿家庭咨询网

http://chinese.seoul.go.kr/

首尔市政府官方网站

http://visit.busan.kr/chn/

釜山市政府官方网站